김종삼 전집

나남

김종삼(金宗三, 1921~1984)

황해도 은율(殷栗) 출생. 평양에서 유년기와 청소년기를 보냈다. 광성보통학교, 숭실중학교를 거쳐 일본으로 건너가 도쿄의 도요시마(豊島) 상업학교와 동경문화원 문학과에 수학하는 등 7년간 일본에 체류했다.

1947년 봄, 온 가족과 함께 월남하여 낯선 남한(서울)에서 지독한 가난과 소외에 갇힌 채 38년간 살았다. 한국전쟁 발발 직후 대구 피란 시절에 시작(詩作)에 손을 대었으나(1950년), 시작에 전념한 흔적은 어디에서도 찾아보기 어렵다. 이는 그의 과작(寡作)이 잘 설명한다. 35년간 남긴 시는 200편이 조금 넘고 이외에 옳은 산문 한 줄이 없다(그가 온몸으로 빠져들었던 것은 술 그리고 서양 고전음악을 듣는 일이었다).

그럼에도 시〈걷자〉나〈북치는 소년〉,〈라산스카〉(6),〈聖河〉,〈G·마이나〉,〈물桶〉등 일련의 절창들은 우리 현대시가 내장한 최고의 감동 중 하나로 서슴없이 손꼽힌다. 그가 유머나 값싼 풍류, 레토릭 등에 시를 팔아넘긴 적은 결단코 없다. 그의 시는 한마디로 진정성의 노래이다.

나남문학선 · 43

김종삼 전집

2005년 10월 15일 발행
2025년 10월 1일 7쇄

편자	權命玉
발행자	趙相浩
발행처	(주)나남
주소	10881 경기도 파주시 회동길 193
전화	(031)955-4601(代)
FAX	(031)955-4555
등록	제 1-71호(1979. 5. 12)
홈페이지	www.nanam.net
전자우편	post@nanam.net

ISBN 978-89-300-0143-4
ISBN 978-89-300-0142-7(세트)
책값은 뒤표지에 있습니다.

김종삼 전집

권명옥 엮음·해설

나남
nanam

김종삼 시인의 한때
술꾼으로 유명했던 그는 또한 이름 높은 흡연가이기도 했다.

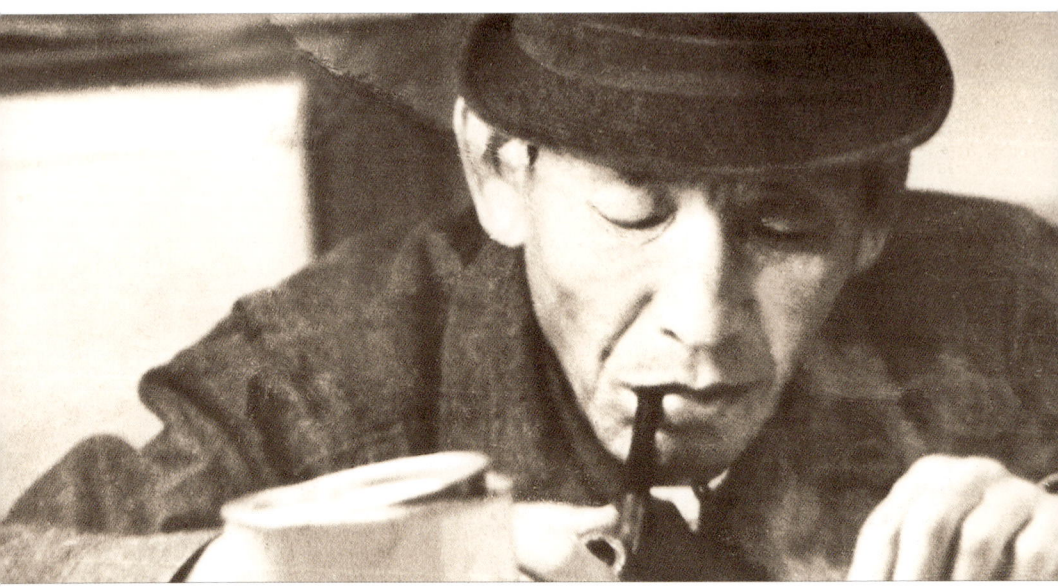

한때의 직장 동아방송(사)에서 집무하는 모습.
몸의 일부이기도 했던 등산모 또는 베레모와 함께 입에 문 파이프가 인상적이다.

김종삼 시인의 시비.
타계한 지 9년 뒤인 1993년 12월 광릉수목원 입구에 세워졌다. 원통형 시비 윗면에
〈북치는 소년〉, 옆면에 〈民間人〉이 새겨져 있다(최옥영 조각, 박양재 글씨).

1978년 한국시인협회상 수상 직후 지인들과 함께 (가운데 앉은 사람).

직장(동아방송) 책상 앞에서.
좁은 책상 위에 놓인 큰 재떨이와 손에 쥔 파이프가 눈길을 끈다.

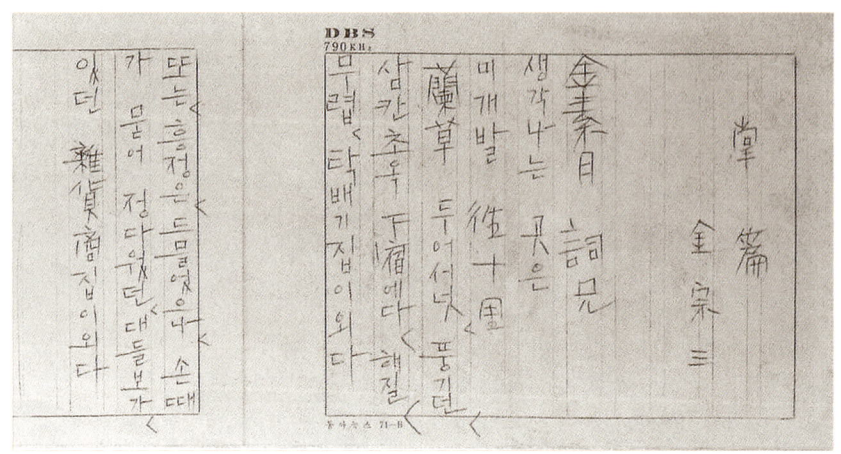

시 〈掌篇〉(수록 1)의 육필원고.
또박또박 눌러 쓴 큰 글씨와 격자(格子) 모양의 각진 서체에서 시인의 강한 개성이 묻어난다.

1983년 대한민국문학상 수상 직전의 모습.
뭔가를 열심히 메모하고 있다.

김종삼 시인의 브론즈 상.
조각가 최옥영 교수(강릉대)의 작품.

김종삼 연보

1921년 3월 19일, 황해도 은율(殷栗)에서 아버지 김서영(金瑞永)과 어머니 김신애(金信愛) 사이에 차남으로 태어남. 본관은 안산(安山). 부친은 평양에서 동아일보 지국을 운영함. 본적은 서울특별시 성북구 성북동 164-1. 평양에서 어린 시절을 보냄.

1934년 3월, 평양 광성보통학교 졸업.
4월, 평양 숭실중학교 입학.

1937년 7월, 숭실중학교 중퇴.

1938년 4월, 일본으로 건너가 동경 도요시마(豊島)상업학교에 편입학.

1940년 3월, 도요시마상업학교 졸업.

1942년 4월, 일본 동경문화원 문학과 입학.

1944년 6월, 동경문화원 문학과 중퇴. 7월, 동경 출판배급주식회사에 입사했다가, 12월에 사직.

1945년 해방 직후 귀국(8월).

1947년 2월, 극단 '극예술협회'에 입회하여 연출부에서 음악 효과를 담당함.

1950년 피란지 대구에서 시작(詩作)에 손을 댐.

1953년 5월, 환도 후 군사 다이제스트 편집부에 입사. 시인 김윤성(金潤成)의 추천으로 《문예》지에 등단절차를 밟던 중 "꽃과 이슬을 노래하지 않았고" 시가 "난해하다"는 이유로 거부됨. 종합잡지 《신세계》에 〈園丁〉을 발표함으로써 공식적인 작품활동 시작.

1955년 12월, 국방부 정훈국 방송과에 상임연출자(음악담당)로 일하기 시작함.

1956년 4월, 정귀례(鄭貴禮)와 결혼.

1957년 김광림(金光林), 전봉건(全鳳健)과 3인시집 《전쟁과 음악과 희망과》(자유세계사) 출간.

1958년 10월, 장녀 혜경 태어남.

1961년 4월, 차녀 혜원 태어남.

1963년 2월, 동아방송 총무국에 설립요원으로 입사.

1967년 4월, 일반사원으로 동아방송 제작부에서 연출을 담당함.

1968년 김광림, 문덕수(文德守)와 3인시집 《본적지》(성문각) 출간.

1969년 한국시인협회 후원으로, '오늘의 한국시인집' 시리즈의 하나로 첫 개인시집 《십이음계》(삼애사) 출간.

1971년 시 〈民間人〉외 두 편으로 현대시학사가 제정한 제2회 '현대시학 작품상' 수상.

1976년 5월, 방송국 정년퇴임.

1977년 두번째 개인시집 《시인학교》(신현실사) 출간.

1978년 3월, 한국시인협회상 수상.

1979년 시선집 《북치는 소년》(민음사) 출간.
1982년 세번째 개인시집 《누군가 나에게 물었다》(민음사) 출간.
1983년 12월, 대한민국문학상 수상.
1984년 5월, 시선집 《평화롭게》(고려원) 출간.
  12월 8일, 간경화로 서울시 도봉구 미아리 소재 성수병원에서 육십삼 세를 일기로 세상을 떠남. 경기도 송추 울대리 길음성당 묘지에 안장. 무덤에는 '安山金氏宗三 베드로之墓'라고 적힌 빗돌과 시 〈북치는 소년〉을 새긴 시비(詩碑)가 세워졌으나, 이후 1996년의 홍수로 유실되어 현재는 무덤만 같은 성당 묘역 내에 이장(移葬) 되어 있음.
1988년 《김종삼 전집》(청하) 출간.
1989년 선시집 《그리운 안니·로·리》(문학과 비평사) 출간.
1991년 계간 《현대시세계》(청하)에서 '김종삼문학상' 제정. 선시집 《스와니江이랑 요단江이랑》(미래사) 출간.
1993년 〈고(故) 김종삼 시인 시비건립을 위한 39인전〉(갤러리 도올) 개최. 12월 5일, 광릉수목원 중부임업시험장 입구에 시비(詩碑) 건립. 〔윗면에 시 〈북치는 소년〉, 옆면에 〈民間人〉이 새겨져 있음. 조각 최옥영, 글씨 박양재, 시비명 박중식〕

《김종삼 전집》 출간에 부쳐

　김종삼(金宗三, 1921~1984)은 우리 현대시사상 가장 뛰어난 시인의 한 사람으로 주저 없이 손꼽혀 온다. 그의 시는 또 우리시에서 가장 순도 높은 순수시로 널리 통한다. 사실 시 〈걷자〉나 〈라산스카〉(수록 6), 〈북치는 소년〉, 〈돌각담〉, 〈聖河〉, 〈G·마이나〉, 〈물桶〉, 〈앤니로리〉 등 그의 일련의 절창 시편들은 우리 시가 내장하는 최고의 감동 중 하나임에 틀림없다.

　그가 타계한 뒤에 간행되었던 전집(《김종삼 전집》, 청하, 1988)이 그 동안 김종삼 문학의 열기를 선도하고 지켜온 공로는 누구도 부인할 수 없다. 그러나 한편 그 전집이 수록 시 169편이 말해주듯이 자료적 한계를 안고 있었던 점, 그리고 출전에 대한 고증의 미흡 등은 못내 떨쳐버리기 어려운 아쉬움이었던 것 또한 사실이다.

　우리 현대시가 내장한 최고의 감동들은 시를 사랑하는 모든 사람들 / 독자들의 이름으로 지켜내고 길이 보전되어야 마땅하다. 이 책《김종삼 전집》(나남출판)에 수록된 시 216편과 짧은 산문글 5편, 그리고 신문 인터뷰 기사 4편 등은 김종삼 시인이 남긴 문학적 자료들의 전모에

해당한다고 하겠다.

이 전집은 대체로 다음 네 가지를 들어 특색을 설명할 수 있다.

첫째, 전집으로서의 완전한 자료적 의미를 갖는다. 특히 〈베르카 · 마스크〉, 〈오동나무가 많은 부락입니다〉, 〈빛깔 깊은 꽃 피어 있는 시절에 대한 이야기〉, 〈달구지 길〉, 〈배〉, 〈동시童詩〉, 〈쎄잘·프랑크의 음(音)〉, 〈라산스카〉(수록 1), 〈라산스카〉(수록 3), 〈이산가족〉, 〈올페〉(수록 1), 〈베들레헴〉, 〈관악산 능선에서〉 등 이번에 새로 발굴한 시 47편의 보완은 이 전집이 명실상부한 결정본이 됨을 뜻하는 것이다.

둘째, 이 전집은 시인의 작품을 선 5부로 편성, 개별 작품들의 창작 / 발표 시기와 출전에 대한 이해 / 확인을 쉽게 했다. 일례로 기존의 전집에서 미발표시로 분류, 권말에 수록했던 작품 〈달 뜰 때까지〉를 이 전집에서는 출전(《문학과 지성》, 1974년 겨울호)에 근거해 제 3부(1970 ~1977)에 편성한 것, 그리고 〈돌각담〉, 〈G · 마이나〉 등을 제 1부 (1953~1964) 앞머리에 수록함으로써 이들이 1950년대 초의 작품임을 한눈에 알 수 있도록 한 것 등이다. 전 5부로 편성된 내용을 각 작품의 해당시기, 수록작품 수, 출전 / 시집 등에 따라 정리하면 다음과 같다.

제 1 부(1953~1964)에는 시 38편이 수록되며, 그 출전은 《전시 한국문학선》(1955)을 비롯해, 김광림 · 전봉건 · 김종삼 3인 연대시집 《전쟁과 음악과 희망과》(1957)와 사화집 《신풍토》(1959), 그리고 《전후한국문제시집》(1964) 등이다. 제 2 부(1965~1969)에 수록된 시는 35

편이며, 김광림·문덕수·김종삼 3인 연대시집 《본적지》(1968)와 첫 개인시집 《십이음계》(1969) 등이 그 출전이다. 제 3 부(1970~1977)에 수록된 시는 48편으로, 두 번째 개인시집 《시인학교》(1977)가 출전의 중심이다. 제 4 부(1978~1982)에 수록된 시는 60편이며, 선시집 《북치는 소년》(1979)과 마지막 개인시집 《누군가 나에게 물었다》(1982) 등이 그 출전이다. 제 5 부(1983~1984)에 수록된 시는 36편으로, 선시집 《평화롭게》(1984)가 출전의 중심이고 이 밖에 미발표시 및 유고시가 포함된다. 마지막으로 제 6 부에는 산문 다섯 편과 신문기사/인터뷰 기사 네 편이 수록되며, 《현대문학》, 《한국전후문제시집》 등 문예지 또는 문학선집과 《한국일보》 등 일간신문이 그 출전이다.

  셋째, 시의 수록에서 독자의 이해를 돕기 위해 동일제목의 작품이 두 편 이상인 경우 해당작품의 수록페이지 하단에 수록 순번을 알렸다. 예컨대 같은 제목으로 된 여섯 편의 〈라산스카〉의 경우나, 또는 아홉 편 중 시인이 생전에 번호를 매긴 네 편을 제외한 나머지 다섯 편의 〈장편掌篇〉의 경우, 각각 '수록 1', '수록 2', '수록 3' 등으로 표시했다. 수록번호가 매겨진 작품으로는 〈라산스카〉, 〈장편掌篇〉외에도 〈투병기鬪病記〉, 〈나〉, 〈나의 주主〉, 〈산〉, 〈소리〉, 〈올페〉, 〈원정園丁〉, 〈음악〉, 〈오늘〉, 〈전정前程〉, 〈무제無題〉 등이 있다.

  넷째, 시의 수록에서 원본으로 삼기는 개인시집, 합동시집, 선시집, 사화집 및 문학선집 등의 순으로 했으며, 출전은 이와 반대로 발표연대를 우선했다. 가령 시 〈부활절復活節〉, 〈마음의 울타리〉 등의 경우 출전은 《한국전후문제시집》(1964)으로 하되, 시는 첨삭이 이루어진 작품형태(시집 《십이음계》 수록작품)를 취했다. 그리고 맞춤법과 띄어쓰기 등은 발표당시의 표기법에 따르는 것을 원칙으로 했으나, 경우에 따라 현행 표기법도 고려되었다.

 끝으로 김종삼 시의 시적 특성을 새로운 시각에서 조명한 글/작품 해설 〈적막과 환영 — 끼인 시간대의 노래〉를 실어 독자들에게 김종삼 문학을 이해하는 데 하나의 틀로 기능할 수 있도록 했다. 이 밖에 새로 작성한 작가연보 및 작품연보/출전 등도 유익한 참고자료로 널리 활용될 수 있을 것으로 생각한다. 《김종삼 전집》 간행의 의의를 통찰하고 선뜻 응해준 나남출판 조상호(趙相浩) 사장님과 여러 조언을 아끼지 않은 미망인 정귀례(鄭貴禮) 여사님 두 분께 특별히 이 자리를 빌려 사의를 전해드리며, 김광림(金光林) 선생님과 박중식(朴重湜) 시인, 이민호 교수(나사렛대)에게도 고마움을 전한다.

2005년 9월
권 명 옥

나남문학선 43

김종삼 전집

차 례

· 김종삼 연보 _9
·《김종삼 전집》출간에 부쳐 _13

제1부 1953~1964

베르카·마스크 · 29
개똥이 · 30
오동나무가 많은 부락입니다 · · · · · · · · · · · · · · · · · · · 33
해가 머물러 있다 · 36
그리운 안니·로·리 · 37
G·마이나 · 39
돌각담 · 40
원정園丁 · 41
전봉래全鳳來 · 43
받기 어려운 선물처럼 · 45
어디메 있을 너 · 47

종 달린 자전거 · 49
빛깔 깊은 꽃 피어 있는 시절에 대한 이야기 · · · · · · · · · 52
응음擬音의 전통傳統 · 54
시사회試寫會 · 56
추가追加의 그림자 · 59
석간夕間 · 61
쑥내음 속의 동화童話 · 62
다리 밑 · 64
원색原色 · 65
드빗시 · 66
베루가마스크 · 67
전주곡前奏曲 · 68
라산스카 · 69
쎄잘·프랑크의 음音 · 70
부활절復活節 · 71
마음의 울타리 · 72
돌각담 · 74
올페의 유니폼 · 75
원두막園頭幕 · 76
주름간 대리석大理石 · 77
문짝 · 78
오월五月의 토끼똥·꽃 · 79
어둠 속에서 온 소리 · 80
둔주곡遁走曲 · 81
이 짧은 이야기 · 82
여인 · 83
나의 본本 · 85

제2부 1965~1969

배 · 89
나 · 90
오五학년 일一반 · 91
지대地帶 · 93
달구지 길 · 94
동시童詩 · 95
물 통桶 · 96
라산스카 · 97
나의 본적本籍 · 98
배음背音 · 99
무슨 요일曜日일까 · 100
미사에 참석參席한 이중섭씨李仲燮氏 · · · · · · · · · · · · · · · 101
생일生日 · 102
음악音樂 · 103
평화平和 · 106
아뜨리에 환상幻想 · 107
시체실屍體室 · 108
묵화墨畵 · 110
스와니강江이랑 요단강江이랑 · · · · · · · · · · · · · · · · · · 111
북치는 소년 · 112
왕십리往十里 · 113
잿더미가 있던 마을 · 114
비옷을 빌어 입고 · 116
술래잡기 · 117
문장수업文章修業 · 118

소리 · 119
휴가休暇 · 120
뾰죽집 · 122
샹뻬 · 123
앙포르멜 · 124
드빗시 산장山莊 · 125
아우슈뷔츠·I · 126
아우슈뷔츠·II · 127
몇 해 전에 · 128
십이음계十二音階의 층층대層層臺 · · · · · · · · · 129

제3부 1970~1977

개체個體 · 133
트럼펫 · 134
첼로의 PABLO CASALS · · · · · · · · · · · · · · · 135
엄마 · 136
고장난 기체機體 · 137
유성기留聲器 · 138
달 뜰 때까지 · 139
투병기鬪病記 · 142
연인戀人 · 143
산山 · 144
원정園丁 · 145
투병기鬪病記 · 146
장편掌篇 · 147

불개미	148
올페	149
발자국	150
장편掌篇	151
기동차가 다니던 철뚝길	152
허공虛空	153
장편掌篇·1	154
가을	155
올페	156
장편掌篇·2	157
걷자	158
스와니강江	159
대화對話	160
꿈 속의 나라	161
민간인民間人	162
샤이안	163
고향	164
어부漁夫	165
피카소의 낙서落書	166
서부西部의 여인	167
파편破片	168
미켈란젤로의 한낮	169
성하聖河	170
장편掌篇·3	171
바다	172
한 마리의 새	173
동트는 지평선地平線	174

장편掌篇·4 · 175
두꺼비의 역사轢死 · 176
시인학교詩人學校 · 177
아우슈뷔츠 라게르 · 179
평범한 이야기 · 180
내일은 꼭 · 181
실록實錄 · 182
베들레헴 · 183

제4부 1978~1982

사람들 · 187
서시序詩 · 188
산 · 189
앞날을 향하여 · 190
시작詩作노우트 · 192
그날이 오며는 · 193
나 · 194
그럭저럭 · 195
맙소사 · 197
성당聖堂 · 198
불후不朽의 연인戀人 · 199
형刑 · 200
앤니로리 · 201
또 한번 날자꾸나 · 202
샹펭 · 203

내가 죽던 날 ···················· 204
라산스카 ······················ 205
꿈이었던가 ···················· 206
헨쩰라 그레텔 ·················· 207
새 ··························· 208
새벽 ························· 209
실기實記 ······················ 210
추모합니다 ···················· 211
투병기鬪病記 ··················· 212
소금 바다 ····················· 213
그라나드의 밤 ·················· 214
연주회 ······················· 215
풍경 ························· 216
운동장 ······················· 217
장편掌篇 ······················ 219
제작制作 ······················ 220
외출外出 ······················ 221
글짓기 ······················· 222
최후最後의 음악音樂 ·············· 223
아데라이데 ···················· 224
六七年 一月 ··················· 226
연인의 마을 ···················· 227
내가 재벌이라면 ················· 228
평화롭게 ······················ 229
소공동 지하 상가 ················ 230
겨울 피크닉 ···················· 231
아침 ························· 232

음역音域 · 234
행복 · 235
장편掌篇 · 237
간이 교회당이 있는 동네 · · · · · · · · · · · · · · · · · · 238
여름 성경학교 · 239
한 골짜기에서 · 240
난해한 음악들 · 241
여수女囚 · 242
지地 · 244
따뜻한 곳 · 245
누군가 나에게 물었다 · 246
전정前程 · 247
장님 · 248
검은 문門 · 249
전창근全昌根 선생님 · 250
나의 주主 · 251
장편掌篇 · 252

제5부 1983~1984

라산스카 · 255
꿈의 나라 · 256
실기實記 · 257
사별死別 · 258
전정前程 · 259
백발白髮의 에즈라 파운드 · · · · · · · · · · · · · · · · · 260

제목	페이지
길	261
꿈 속의 향기	262
등산객登山客	263
벼랑바위	264
비시非詩	265
어머니	266
소리	267
극형極刑	268
라산스카	269
동산	270
라산스카	271
이산가족	272
심야深夜	273
오늘	274
기사記事	275
나의 주主	276
나	277
북北녘	278
(무제無題)	279
(무제無題)	280
아리랑고개	281
1984	282
연인	283
한 계곡에서	284
죽음을 향하여	285
궂은 날	286
또 어디였던가	287

음악 · 288
오늘 · 289
관악산 능선에서 · 290

제6부 산문 및 신문기사

피난 때 연도_{年度} 전봉래 · 293
의미의 백서_{白書} · 296
이 공백을 · 300
먼 '시인의 영역' · 302
피란길 · 305
신문기사① 《조선일보》, 1971. 8. 22. · · · · · · · · · · · 307
신문기사② 《조선일보》, 1979. 5. 15. · · · · · · · · · · · 308
신문기사③ 《일간 스포츠》, 1979. 9. 27. · · · · · · · · · 310
신문기사④ 《한국일보》, 1981. 1. 23. · · · · · · · · · · · 313

· 작품 연보 _315
· 작품해설 · 적막과 환영: 끼인 시간대의 노래 _**권명옥** | 327

제 1 부

1953~1964

베르카·마스크

토방 한곁에 말리다 남은
반디 그을 끝에 밥알 같기도 한
알맹이가 붙었다

밖으로는
당나귀의 귀 같기도 한
입사귀가 따 우에 많이들
대이어 있기도 하였다

개똥이
—일곱 살 되던 해의 개똥이의 이름

1
뜸북이가
뜸북이던

동뚝
길
나무들은
먼 사이를 두고
이어잡니다

하나
있는 곳과

연달아 있고

높은 나무 가지들 사이에
물 한 방울 떠러 트립니다.

병막에 가 있던
개똥이는 머리위에

불개미알만이 썰고 어지롭다고
갔읍니다.

소매가 짧았읍니다.
산당 꼭대기
해가 구물구물하다
보며는
웃도리가 가지런한
소나무 하나가
깡충 합니다.

꿩 한 마리가
까닥 합니다.

2
새끼줄 치고
소독약 뿌리고
집을 나왔읍니다.

해가 남아 있는 동안은

조곰이라도 더 가야겠읍니다
엄지발톱이 돌부리에 채이어
앉아볼 자리마다 흠이 잡히어
도라다니다가 말았읍니다.

도라다니다가 말았읍니다.
가다가는 빠알간
해—ㅅ물이
돌아

저기
어두워 오는
북문은 놀러 갔던
아이들을 잡아 먹고도
남아 있읍니다.

빠알개 가는
자근 무덤만이
돋아나고 나는
울고만 있읍니다.

오동나무가 많은 부락입니다

오동나무가 많은 부락입니다.

어머니의 배 — ㅅ속에서도
보이었던
세례를 받던 그 해였던
보기에 쉬웠던
추억의 나라입니다.

누구나,
모진 서름을 잊는 이로서,
오시어도 좋은 너무
오래되어 응결되었으므로
구속이란 죄를 면치 못하는
이라면 오시어도 좋은
오동나무가 많은 부락입니다.

그것을,
씻기우기 위한 누구의 힘도
될 수 없는

깊은
빛깔이 되어 꽃피어 있는
시절을 거치어 오실수만 있으면
오동나무가 많은 부락이 됩니다.

오동나무가
많은 부락입니다.

수요 많은 지난 날짜들을
잊고 사는 이들이 되는지도 모릅니다.

그 이가 포함한 그리움의
잇어지지 않는 날짜를 한번
추려주시는, 가저다
주십시요.

인간의 마음이라 하기 쉬운
한번만의 광명이 아닌
솜씨가 있는 곳임으로
가저다 주시는

그 보다,
어머니의 눈물가에 놓이는
날짜를 먼저 가저다
주시는 …

오동나무가 많은 부락이 됩니다.

해가 머물러 있다

뜰악과 苔瓦마루에 긴 풀이 자랐다.
한 모퉁이에 자근 발자욱이 나 있었다.

풀밭이 내다 보였다. 풀밭이 가끔 눕히어지는 쪽이 많았다.
옮아 간다는 눈치였다.

아직
해가 머물러 있다.

그리운 안니·로·리

나는 그동안 배꼽에
솔방울도 돋아
보았고

머리 위로는 몹쓸 버섯도 돋아
보았읍니다 그러다가는
'맥웰'이라는
老醫의 음성이

자꾸만
넓은 푸름을 지나
머언 언덕가에 떠오르곤 하였읍니다

오늘은
이만치 하면 좋으리마치
리봉을 단 아이들이 놀고 있음을 봅니다

그리고는
얕은
파아란

페인트 울타리가 보입니다

그런데
한 아이는
처마밑에서 한 걸음도
나오지 않고
짜증을 내고 있는데

그 아이는
얼마 못 가서 죽을 아이라고

푸름을 지나 언덕가에
떠오르던
음성이 이야기ㄹ 하였읍니다.

그리운
안니 · 로 · 리라고 이야기ㄹ
하였읍니다

G · 마이나
― 全鳳來 兄에게

물
닿은 곳

神恙의
구름밑

그늘이 앉고

杳然한
옛
G · 마이나

돌각담 *

廣漠한地帶이다기울기
시작했다잠시꺼밋했다
十字型의칼이바로꼽혔
다堅固하고자그마했다
흰옷포기가포겨놓였다
돌담이무너졌다다시쌓
았다쌓았다쌓았다돌각
담이쌓이고바람이자고
틈을타凍昏이잦아들었
다포겨놓이던세번째가
비었다.

---

* 수록 1. 3인 연대시집 《전쟁과 음악과 희망과》(1957)의 수록에는 '하나의 前程
備置'라는 부제가 달려 있다.

원정 園丁 *

苹果 나무 소독이 있어
모기 새끼가 드물다는 몇 날 후인
어느 날이 되었다.

며칠 만에 한 번만이라도 어진
말솜씨였던 그인데
오늘은 몇 번째나 나에게 없어서는
안 된다는 길을 기어이 가리켜 주고야 마는 것이다.

아직 이쪽에는 열리지 않는 果樹밭
사이인
수무나무 가시 울타리
길줄기를 벗어 나
그이가 말한 대로 얼만가를 더 갔다.

구름 덩어리 얕은 언저리
植物이 풍기어 오는
유리 溫室이 있는
언덕쪽을 향하여 갔다.

안쪽과 周圍라면 아무런
기척이 없고 無邊하였다.
안쪽 흙 바닥에는
떡갈나무 잎사귀들의 언저리와 뿌롱드 빛갈의 果實들이 평탄하게
가득 차 있었다.

몇 개째를 집어 보아도 놓였던 자리가
썩어 있지 않으면 벌레가 먹고 있었다.
그렇지 않은 것도 집기만 하면 썩어 갔다.

거기를 지킨다는 사람이 들어와
내가 하려던 말을 빼앗듯이 말했다.

　　　당신 아닌 사람이 집으면 그럴 리가 없다고―.

---

* 수록 1.

전봉래 全鳳來 *

한 때에는
낡은 필림 字幕이 지났다.

아직 散策에서 돌아가 있지 않다는
그 자리 파루티타 室內

마른 행주 廚房의 整然

그러나,
다시 돌아오리라는 푸름이라 하였던
무게를 두어

그러나,
어느 것은 날개죽지만
내젓다가 고만 두었다는 것이다.

지난때,
죽었으리라는 茶友들이 가져 온
그리고 그렇게 허름하였던 사랑⋯⋯ 세월들이
가져 온

나날이 거기에 와 있다는
계절〔晝間〕들의 ……

또
하나의 死者라는
電話 벨이 나고 있지 않는가―

---

* 최초 발표될 때의 제목은 〈하나의 죽음―故 全鳳來 앞에〉였다(《조선일보》, 1956. 4. 14).

받기 어려운 선물처럼

主日이옵니다. 오늘만은
그리로 도라 가렵니다.

한켠 길다란 담장길이 버러져
있는 얼마인가는 차츰 흐려지는
길이옵니다.

누구인가의 성상과 함께
눈부시었던 꽃밭과 함께 마중 가 있는 하늘가 입니다.

모—든 이들이 안식날이랍니다.
저 어린 날 主日 때 본
그림
카—드에서 본
나사로 무덤 앞이였다는
그리스도의 눈물이 있어 보이었던
그날이랍니다.

이미 떠나 버리고 없는 그렇게
따시로웠던 버호니〔母性愛〕의 눈시울을 닮은 그이의 날이랍니다.

영원히 빛이 있다는 아름다움)이란
누구의 것도 될 수 없는 날이랍니다.

그럼으로 모—두들 머물러 있는 날이랍니다.
받기 어려웠던 선물 처럼……

어디메 있을 너

학교와 그 사이
새들의 나래와 깊은
숲속으로 스며 든
푸름의
호수와

학교와 그 사이에

石家 하나
鍾閣 하나
거기에 너는 있음직 하다.

오늘도
오정을 알리는 제비 한 놈이
쉬입게 지났다.

오늘도 나에게는
어떤 마감이 있는 것 처럼.

녹쓰른 시앙鐵 같은

立地가 앞질러 가 있기 마련이었다.

쉬일때며는

자미롭지 못한 낚시질 같기만 하였고……

지금은
자리 잡히어 가는 것들이란
공포기의 줄기뿐.

너 그런 시절이 아닌
무심밖에 아무것도 모르기를 나는 원했다.

종 달린 자전거

終點에는, 地名 不詳이란
이름 아래에는
나의
主와, 無許可 선술집,
남루한 油類 倉庫같은
內容의 汚物들의
限界와 그 앞으로
들어가는 길목의
面積은 監視한다.

얼마전 부터,
집 한 채를 '보켙트'에
집어 넣은 채 '뻐스'가
달렸다. 바람 맞은
자전'거'도 달렸다.
거치어 온
各 要所에는 사람들의
尺數보다 注射器가
擴大되는 都市를
지나 가서

조금 더 깊숙이
드러와 大森林이 되었
고 몇 棟위 지붕 위에
板子 집이 架設되어
비들기 臟의 重疊 같은
不安全 하지는 않았던
달리어 온 終點은
地名 不詳이란 地點들
을 거치어 온
'뻐스'의 終點이란 理由
인 것이다.

버릴 것은 버리고 나면
아무런 것도 남음이
없는 인간들의 마음이
暫定 됨에 不過
하였다.

…… 季節노리
의 盛況이 있곤 하며,

그리고서는
都市의 이름인
아침 鍾이
남아 있다.

빛깔 깊은 꽃 피어 있는 시절에 대한 이야기

슈 사인들의 눈보라가
밀리어 갔던 새벽을
기대려 갔던
아스팔트
安全地帶와

하늘 같은 몇 군데인
안테나의 아침과

청량리로 가는 맑은
날씨인 다음인
다름 아닌 맑으신
당신이었읍니다
그 보다

오래인 日月이 지니어 온
苦腦의 꿈인 연류이기도
했읍니다

누구의 이야기ㄹ 하는지

나는 모르며

그 이는 인간에 依하여 지는
누구의 힘도 아니었으므로

빛깔 깊은 꽃 피어 있는
시절에 대한 그이의
이야기ㄹ —

응음 擬音의 전통 傳統

오래인 限度表의 停屯된 밖으로는
晝間을 가는 聖河의 흐름 속을 가며
오는
구김살이 稀薄하였다.

모호한 빛발이
쏟아지는 수효와의 驛라인이
엉키어 永劫의 현재 라는
길이 열리어지기 前

固執되는 夜水의 그늘이
되었던 얕이한 집들, 울타리
였다.

分娩되는
뜨짓한 두려움에서

永劫의 현재 라는
內部가 비인
하늘이 가는

납덩어리들의 ……

있다는 神의 墨守는 차츰 어긋나기 시
작
하였다.

시사회 試寫會

위태로웁기 짝
없었던 줄타기와
休息에서 얻은
거울을 훔치어 들여다
본
食器 '사람'의
數爻가 저무러 가 있
는 쪽을 말하고
싶었던 季節과
限界에서는 鄕愁와도
같은
鹽像의 '스테인레스'이고
훔치어 드려다 본
거울이 擴大되어 닥아
오고 있는 것이다.

뻐스를 타고 오다가 내린
一行은 뻐스에게
늦으면 十分 걸리면
돌아들 온다고 일러

둔 터이다.

— '코오딩' — 이
잘못되어 있는
試寫會이다.
모인
  李仁石
  金光林
    나와
  全鳳健이다.
이
外 비인 자리가 많은
周圍에는 몹씨 낯서른
室內이다.

놓치어 버리면 그만이
되는
뻐스를 보러 나가보면 놓치어 버리고
만 것이다.

室內와
뻐스와 함께
스크린은 한바퀘 돌아오다가
現物같이 나누어져 있는
死重傷者를 내었다
할 뿐
뻐스는 간 곳이 漠
然들 하다고 하였다.
아직들
'뻐스'를 기대리고들
있는 것이다.

'커틴'은 없었으나
실내는 一行이 바
라고 있던 構造의 못 보던 그대로이다.
얼마동안만 머물기로 …… .

추가 追加의 그림자
―金圭大 兄에게

現狀을 살피며 굽어보다가는
보이기에 그러한 波長을
나는 듣기도 하였다
遼遠에서 꼬리를 물고 온다는
밀리어 오는 波長에 다 같이 놓여져있었음인지
자비함이 없었던
實情의 그림자들은
흘러 온 것이다

家屋들이 줄기찬 靈泉의 구름다리는
시대가 먹고 있는 마음이라 하였다
생명들의 風景들이라고도 하였다

그렇게 速斷이 될 수밖에 없었다

그리고 나서는 말이라고는 없다가
서로의 全部라고 하여 두었음은
마지 못하여 내리시는
신의 뜻이 아니었던가를

자비와 지혜만으로 살아오다가 죽은
이와 함께
나에게도 이미 죽은 지 오래 되던 날
누구나 한 번 밖에는 없는 刹那

인간 最大의 고통인 순간이 였던가
거기에 切迫하여진 人脂였던가
그 高度에 따라 旋回하여 가는
하염없는 물거품이 였던가

석간 夕間

올려다 보이는 몇 군데 되었던 안테나의 天井과 되풀이 되어 갔던 같은 꿈자리의 連累에서 午前이 있다 하였다. 모이어 드는 사람들의 領地엔 食事같은 부락은 하늘 밑에 달리어 와 맞이하는 어디로인데서 만났던 學童이었다. 부락민들이 많은 수효의 食器는 졸고 있는 쪽도, 더러는 잠든 苦厄의 꿈을 넘는 尺度였고 煙霧가 뿜는 소리는 지치어 있는 赤十字 所屬의 女聲이었었다. 이 天地의 間隔인 문짝이 열리어 지며 出勤簿의 부락민들은 앞을 다투어 누구나 僥倖이란 말로서는 서투러 있음인지 朝刊이라는 公示는 서서히 스치이어 진다. 全裸에 감기어 온 얼룩진 少年의 주검의 繃帶마냥, 어울리지 않는 재롱들을 나누 듯이 그런 것들을 나무래듯이 훼청거리는 各種의 世紀의 그림자를 따라 나서려드는 命脈을 놓치지 않으려 바보의 짓들로서 一貫되어지었다. 덜그럭거리기 시작한 檻車의 行方을 찾으려는 荷物답게 취급되어 있는 시달리며 슬기로워할 生靈들을 劫罰할 永續의 判局이었다. 無垢의 어떠다 할 비치이는 日氣로 착각하여지는 착한 터전 '白山'을 넘어가며는 벌거숭이의 몇 나절토록 길 '右岸'이 서투렀다는 證人이 보이지 않음을 계기로 하여 있음직 하였던 夕陽이 다시 가버리는 結論이 가는 것이다. 가엾슨 것들의 秋波가 덥히어 지는—.

쑥내음 속의 동화 童話

옛 이야기로서 고리타분하게 엮어지는 어렸을 제 이야기이다. 그맘 때만 되며는 까닭이라곤 없이 재미롭지도 못했고 죽고 싶기만 하였다.

그 즈음에는 인간들에게는 염치라곤 없이 보이리만큼 너무 지나치게 아름다움이 풍요하였던 자연을 가까이 하면 할수록 더욱 그러하였다.

고양이란 놈은 고양이대로 쥐새끼란
놈은 쥐새끼대로 옹크려져 있었고
상아지란 놈은 상아지대로 밤 늦게까지
나를 따라 뛰어 놀았다.

어렴풋이 어두워지며 달이 뜨는
수수대로 만든 바주 울타리 너머에는
달이 오르고 낯익은 기침과 침뱉는 소리도 울타리 사이를 그때면 간다.

풍식이란 놈의 하모니카는 귀에 못이 배기도록 매일같이 싫어지도록 들리어 오곤 했다.
자라나서 알고 본즉 〈스와니江의 노래〉였다.

선율은 하늘 아래 저 편에 만들어지는 능선 쪽으로 날아 갔고.

내 할머니가 앉아 계시던 밭 이랑과 나와 다른 사람들과의 먼 거리를 만들어 주기도 하였다.
　모기쑥 태우던 내음이 흩어지는 무렵
　이면 용당패라고 하였던 해변가에서
　들리어 오는 오래 묵었다는 돌미륵이 울면 더욱 그러하였다.
　자라나서 알고 본즉 바닷가에서 가끔 들리어 오곤 하였던 고동소리를 착각하였던 것이었다.

　― 이때부터 세상을 가는 첫 출발이 되었음을 몰랐다.

다리 밑
―방 고호의 경지 境地

길바닥과 함께 아지 못했던 날 빛은 허뜨러지었던 터전이고, 가라타기 어려운 運命的인 氣候의 停留場의 素材인 中斷된 期間에서 벗어나지 못할 날 빛은 神보다는 고마웠었다. 다리 밑, 자갈밭은 말끔하게 꼽히어졌고 흘러가는 물 언저리 몇 그루의 나무들이 사괴이는 간격은 한 시름 놓이게 되는 微風의 사이엔 靈魂의 未納者들의 곁을 가는 날이 다시 저무러 가기 시작한.

원색 原色

어둠한 저녁녘 지난 해에의 蛇足투성이를 알아내이는 夜市의 기럭지는 움직이는
斜線.
이 가파로운 畵幅이 遼遠하다가는 말아버리었다.
間或
賣店 같은 것들의 親舊인 燈불의 沿岸이 줄기차 있기도 하였다.

아직은 原色으로 돌아가기 위하여 勞苦의 幻覺을 잃고난 다음.

드빗시

아지 못할 灼泉의 소리. 의례히 오래 간다는, 물끓듯 끓어나는 나지막하여 가기 시작한.

베루가마스크

그 부근엔,
당나귀 귀같기도 한 잎사귀가
따 위에 많이들 대이어 있기도 하였다.
처마 밑에 달린 줄거리가 데룽거렸던
어느 날엔

개울 밑창 파아란 해감을 드려다본 것이다. 내가 먹이어 주었던 강아지 밥 그릇 생각이 났기 때문이다.

몇 해가 지난 어느 날에도
이 앞을 지나게 되었다.

전주곡 前奏曲

현재까지 未來에의 한번밖엔 없다는 休日이 닥쳐오고는 있었지만 변명같이 얻어지기 어려웠던 것이다.

오고 있던 길목에 주저앉아서 나는 피부에 장애물이 붙어 있으므로 가려울수록 긁었다.

이 하루의 질곡 路上에서라는 거세인 金屬의 소리가 들리었다. 손가락을 놓을라치면 그치어지곤 했다.

어느새 이 休日도 무능한 牧者의 꺼먼 虛空이 떠 내려 가듯이
수 없는 車輛들이 지나 가, 여러 갈래의 막바지에서
비들기들의 나래쭉지와 휴지조각들을 남기는 休日이 도망친다.

라산스카 *

녹이슬었던
두꺼운 鐵門안에서

높은 石山에서 퍼부어져 내렸던
올갠 속에서

거기서 준
신발을 얻어끌고서

라산스카
늦가을이면 광채 속에
기어가는 벌레를 보다가

라산스카
오래되어서 쓰러져가지만
세모진 벽돌집 뜰이되어서

---

* 수록 1.

쎄잘·프랑크의 음音

神의 노래
圖形의 샘터가 설레이었다

그의 鍵盤에 피어 오른
水銀 빛갈의
작은 音階

메아린 深淵 속에 어둠 속에 無邊 속에 있었다
超音速의 메아리

부활절 復活節

城壁에 日光이 들고 있었다
육중한 소리를 내는 그림자가 지났다

그리스도는 나의 산계급이었다고
죄없는 무리들의 주검옆에 조용하다고

내 호주머니 속엔 밤 몇 톨이 들어
있는 줄 알면서
그 오랜 동안 전해 내려온 전설의
돌층계를 올라가서
낯모를 아이들이 모여 있는 안쪽으로
들어섰다 무거운 거울 속에 든 꽃잎새처럼
이름이 적혀지는 아이들에게
밤 한톨 씩을 나누어 주었다

마음의 울타리

나는
밋숀 병원의 圓柱처럼
주님이 꽃 피우신 울타리

지금 너희들 가난하게
생긴 아기들의 많은
어머니들에게도 그랬거니와
柔弱하고도 아름다웁기 그지 없음은 짓밟혀 갔다고 하지만

지혜처럼 사랑의
먼지로서 말끔하게 가꾸어진
자그만하고도 거룩한
생애를 가진 이도 있다고 하잔다.

오늘에도 가엾은
많은 赤十字의 아들이며 딸들에게 그지 없는 恩寵이 내리면
서운하고도 따시로움의 사랑이 나는 무엇인가를 미처 모른다고 하여 두잔다

제각기 色彩를 기다리고 있는 새싹이 트이는 봄이 되면 너희들의

부스럼도 아물게
　되면
　나는
　밋슌 병원의 늙은 간호부라고 하여 두잔다

돌각담 *

다음부터
廣漠한 地帶이다.

기울기 시작했다.
十字型의 칼이 바로 꽂혔다.
堅固하고 자그마했다
흰 옷포기가 포기어 놓였다.

돌담이 무너졌다 다시 쌓았다
쌓았다
쌓았다 돌각담이
쌓이고
바람이 자고 틈을 타
凍昏이 잦아들었다.

---

* 수록 2.

올페의 유니폼

天井에 붙어 있는
흰 헝겊이 한꺼풀 씩
내리는 無人境의 아침
아스팔트의 넓이는 山길이 뒷받침하는 湖水 쪽 푸른 제비의 行動이었다.

人工의 靈魂 사이
아스팔트 길에는 時速違反의 올페가 타고 뺑소니치는 競技用 자전거의 사이였다.

休息은 無限한 푸름이었다.

원두막 園頭幕

비 바람이 훼청거린다
매우 거세이다.

간혹 보이던
논두락 매던 사람이 멀다.

산 마루에 우산
받고 지나가는 사람이
느리나.

무엇인지 모르게
평화를 가져다 준다.

머지않아 園頭幕이
비게 되었다.

주름간 대리석 大理石

― 한 모퉁이는 달빛 드는 낡은 構造의 大理石. 그 마당〔寺院〕 한 구석―

잎사귀가 한 잎 두 잎 내려 앉았다.

문짝

나는 옷에 배었던 먼지를 털었다.
이것으로 나는 말을 잘 할 줄 모른다는 말을 한 셈이다.
작은 데 비해
청초하여서 손댈 데라고는 없이 가꾸어진 초가집 한 채는
'미손'계, 사절단이었던 한 분이 아직 남아 있다는 반쯤 열린 대문짝이 보인 것이다.
그 옆으론 토실한 매 한가지로 가꾸어 놓은 나직한 앵두나무 같은 나무들이 줄지어 들어가도 좋다는 맑았던 햇볕이 흐려졌다.
이로부터는 아무데구 갈 곳이란 없이 되었다는 흐렸던 햇볕이 다시 맑아지면서,
나는 몹시 구겨졌던 마음을 바루 잡노라고 뜰악이 한 번 더 들여다 보이었다.

그때 분명 반쯤 열렸던 대문짝.

오월 五月의 토끼똥 · 꽃

토끼똥이 알알이 흩어진
가장자리에 토끼란 놈이 뛰어 놀고 있다.

쉬고 있다.

피어 오르는 아지랑이의 체온은 성자처럼 인간을 어차피 동심으로 흘러가게 한다. 그리고 나서는 참혹 속에서 바뀌어지었던 역사 위에 다시 시초의 여러 꽃을 피운다고,

메말라 버리기 쉬운 인간 '성자'들의
시초인 사랑의 새 움이 트인다고,

토끼란 놈은 맘놓은 채
쉬고 있다.

어둠 속에서 온 소리

마지막 담너머서 총맞은 족제비가 빠르다.
'집과 마당이 띠엄띠엄, 다듬이 소리가 나던 洞口'
하늘은 바른 마음을 가진 사람들이 있다고 대낮을 펴고 있었다.

군데군데 잿더미는 아무렇지도 않았다.
못 볼 것을 본 어린것의 손목을 잡고
섰던 할머니의 황혼마저 학살되었던
僻地이다.
그 곳은 아직까지 빈사의 독수리가 그칠 사이 없이 선회하고 있었다.
원한이 뼈무더기로 쌓인 고혼의 이름들과 神의 이름을 빌려
號哭하는 것은 '洞天江'邊의 갈대뿐인가.

둔주곡 遁走曲

그 어느 때엔가는 도토리 잎사귀들이
밀리어 가다가는 몇 번인가 뺑그르 돌았다.
사람의 눈 언저리를 닮아가는 空間과
大地 밖으로 새끼줄을 끊어버리고 구름줄기를 따랐다.
양지바른쪽,
피어난 씨앗들의 土地를 지나

띠엄띠엄
기척이 없는 아지 못할 나직한 집이
보이곤 했다.

天上의 여러 갈래의 脚光을 받는
수도원이 마주보이었다.
가까이 갈수록

그 자리에만 머물러 있는 사랑하는 사람의 자리.
가까이 갈수록 廣濶한 바람만이 남는다.

이 짧은 이야기

한 걸음이라도 흠잡히지 않으려고 생존하여 갔다.

몇 걸음이라도 어느 성현이 이끌어 주는 고되인 삶의 쇠사슬처럼 생존되어 갔다.

아름다이 여인의 눈이 세상 욕심이라곤 없는 불치의 환자처럼 생존하여 갔다.

환멸의 늪시에서 가슴 헤어나게 되며는 남다른 햇볕과 푸름이 자라고 있으므로 서글펐다.
서글퍼서 자리 잡으려는 샘터, 손을 잠그면 어질게 반영되는 것들. 그 주변으론 색다른 영원이 벌어지고 있었다.

여인

전쟁과 희생과 희망으로 하여 열리어진
좁은 구호의 여의치 못한 직분으로서 집없는 아기들의 보모로서 어두워지는 어린 마음들을 보살펴 메꾸어 주기 위해
역겨움을 모르는 생활인이었읍니다.

그 여인이 쉬일 때이면
자비와 현명으로써 가슴 속에 물들이는
뜨개질이었읍니다.

그 여인의 속눈썹 그늘은
포근히 내리는 눈송이의 색채이고
이 우주의 모든 신비의 빛이었읍니다.

그 여인의 손은 이그러져 가기 쉬운
세태를 어루만져 주는
친엄마의 마음이고 때로는 어린 양떼들의 무심한 언저리의 흐름이었읍니다.

그 여인의 눈 속에 가라 앉은 지혜는
이 세기 넓은 뜰에 연약하게나마 부감된 자리에 비치는 어진 광명

이었읍니다.

 그 여인의 시야는 그 어느 때이고
선량한 생애에 얽히어졌다가 죽어간 사람들 사이에 세워진 아취의
고요이고 아름다운 꿈을 지녔던 그림자입니다.

나의 본本

나의 本은 선바위, 山의 얼굴이다.
그 사이
한 그루의 나무이다.
희미한 소릴 가끔 내었던
뻐꾹새다.
稀代의 거미줄이다.

해질 무렵 나타내이는 石家이다.

제 2 부

1965~1969

배

人家들을 끼고 흐르지 않는
오밤중의 개울은
碇泊中인
납작한
배

나*

나의 理想은 어느 寒村 驛같다.
간혹 크고 작은
길 나무의 굳어진 기인 눈길 같다.
가보진 못했던 다 파한 어느 시골 장거리의
저녁녘 같다.
나의 戀人은 다 파한 시골
장거리의 골목 안 한 귀퉁이 같다.

---

* 수록 1.

오五학년 일一반

　五학년 一반입니다.
　저는 교외에서 살고 있기 때문에 저의 학교도 교외에 있읍니다.
　오늘은 운동회가 열리는 날이므로 오랜만에 즐거운 날입니다.
　북치는 날입니다.
　우리 학곤
　높은 포플라 나무줄기로 반쯤 가리어져 있읍니다.
　아까부터 남의 밭에서 품팔이하는 제 어머니가 가물가물하게 바라다보입니다.
　운동 경기가 한창입니다.
　구경온 제또래의 장님이 하늘을 향해 웃음지었읍니다.
　점심때가 되었읍니다.
　어머니가 가져 온 보자기 속엔 신문지에 싼 도시락과 삶은 고구마 몇 개와 사과 몇 개가 들어 있었읍니다.
　먹을 것을 옮겨 놓는 어머니의 손은 남들과 같이 즐거워 약간 떨리고 있읍니다.

　어머니가 품팔이하던
　밭 이랑을 지나가고 있었읍니다. 고구마 이삭 몇 개를 주워 들었읍니다.
　어머니의 모습은 잠시나마 하나님보다도 숭고하게 이 땅 위에 떠

오르고 있었읍니다.

이제 구경왔던 제또래의 장님은 따뜻한 이웃처럼 여겨졌읍니다.

지대 地帶

미풍이 일고 있었다
덜커덕거리며 선회하고 있었다
噴水의 石材 둘레를 間隔들의 두 발 묶인 검은 標本들이

옷을 벗은 여자들이 벤치에 앉아 있었다
한 여자의 눈은 擴大되어 가고 있었다

입과 팔이 없는 검은 標本들이 기인 둘레를 덜커덕거리며 선회하고 있었다
半世紀가 지난 아우슈비치 收容所의 한 部分을 차지한

달구지 길

몇 나절이나 달구지 길이 덜커덕 거렸다. 더위를 먹지 않고 지냈다.

北으로 서너 마일 그런 표딱지와 같이 사람들은 길 가운데 그리스도 像을 세웠다.

달구지 길은 休戰線以北에서 죽었거나 시베리아 方面 다른 方面으로 유배당해 重勞動에서 埋沒된 벗들의 소리다.

귓전을 울리는 무겁고 육중해가는 목숨의 소리들이다.

북으로 서너 마일을 움직이고 있었다.

벌거숭이 흙더미로 변질되어가고 있었다.

지금도 흔들리는 달구지 길.

동시 童詩

오빤 슈샤인
난 껌장수
난 방송국 어린이 시간에 나갑니다.
시간 맞추어 나갑니다.
꿰맨 옷도 자주 빨아 입고 나갑니다.
크리스마스
선물 주는 이가 없어도
서운해선 안돼요.
언제나 안돼요.
슬퍼해선 안돼요.
…… 모두 안 되는 것 뿐입니다.
난 껌장수
오빤 슈샤인

물 통 桶

희미한
風琴 소리가
툭 툭 끊어지고
있었다

그동안 무엇을 하였느냐는 물음에 대해

다름아닌 人間을 찾아다니며 물 몇 桶 길어다 준 일밖에 없다고

머나먼 廣野의 한복판 얕은
하늘 밑으로
영롱한 날빛으로
하여금 따우에선

라산스카 *

미구에 이른 아침
하늘을 파헤치는
스콥 소리

하늘 속
맑은
변두리
새 소리 하나
물방울 소리 하나

마음 한 줄기 비추이는
라산스카

---
* 수록 2.

나의 본적 本籍

나의 本籍은 늦가을 햇볕 쪼이는 마른 잎이다. 밟으면 깨어지는 소리가 난다.
나의 本籍은 巨大한 溪谷이다.
나무 잎새다.
나의 本籍은 푸른 눈을 가진 한 여인의 영원히 맑은 거울이다.
나의 本籍은 次元을 넘어다니지 못하는 독수리다.
나의 本籍은
몇 사람밖에 안 되는 고장
거울이 온 敎會堂 한 모퉁이다.
나의 本籍은 人類의 짚신이고 맨발이다.

배음 背音

몇 그루의 소나무가
얕이한 언덕엔
배가 다니지 않는 바다,
구름 바다가 언제나 내다 보였다

나비가 걸어오고 있었다

줄여야만 하는 생각들이 다가오는 대낮이 되었다.
어제의 나를 만나지 않는 날이 계속되었다.

골짜구니 大學建物은
귀가 먼 늙은 石殿은
언제 보아도 말이 없었다.

어느 位置엔
누가 그린지 모를
風景의 背音이 있으므로,
나는 세상에 나오지 않은
樂器를 가진 아이와
손쥐고 가고 있었다.

무슨 요일 曜日일까

醫人이 없는 病院뜰이 넓다.
사람들의 영혼과 같이 介在된 푸름이 한가하다.
비인 乳母車 한臺가 놓여졌다.
말을 잘 할 줄 모르는 하느님의 것일까.
버리고 간 것일까.
어디메도 없는 戀人이 그립다.
窓門이 열리어진 파아란 커튼들이
바람 한점 없다.
오늘은 무슨 曜日일까.

미사에 참석參席한 이중섭씨 李仲燮氏

내가 많은 돈이 되어서
선량하고 가난한 사람들을 위해 맘 놓고 살아갈 수 있는
터전을 마련해 주리니

내가 처음 일으키는 微風이 되어서
내가 不滅의 平和가 되어서
내가 天使가 되어서 아름다운 音樂만을 싣고 가리니
내가 자비스런 神父가 되어서
그들을 한번씩 訪問하리니

생일 生日

꿈에서 본 몇 집 밖에 안 되는 화사한 小邑을 지나면서

아름드리 나무보다도 큰 독수리가 날아가는 것을 보면서

來日에 나를 만날 수 없는
未來를 갔다

소리없이 출렁이는 물결을 보면서
들부리가 낮은 廣野를 지나

음악 音樂 *
―마라의 〈죽은 아이를 追慕하는 노래〉에 부쳐서

日月은 가느니라
아비는 石工노릇을 하느니라
낮이면 大地에 피어난
만발한 구름뭉게도 우리로다

가깝고도 머언
검푸른
산 줄기도 사철도 우리로다
만물이 소생하는 철도 우리로다
이 하루를 보내는 아비의 술잔도 늬 엄마가 다루는 그릇 소리도 우리로다
밤이면 大海를 가는 물거품도
흘러가는 化石도 우리로다

불현듯 돌 쫓는 소리가 나느니라 아비의 귓전을 스치는 찬바람이 솟아나느니라
늬 棺 속에 넣었던 악기로다
넣어 주었던 늬 피리로다
잔잔한 온 누리
늬 어린 모습이로다 아비가 애통하는 늬 신비로다 아비로다

늬 소릴 찾으려 하면 검은 구름이 뇌성이 비 바람이 일었느니라 아
비가 가졌던 기인 칼로 하늘을 수없이 쳐서 갈랐느니라
　　그것들도 나중엔 기진해 지느니라
　　아비의 노망기가 가시어 지느니라
　　돌 쫓는 소리가
　　간혹 나느니라

　　맑은 아침이로다

　　맑은 아침은 내려 앉고

　　늬가 노닐던 뜰 위에
　　어린 草木들 사이에
　　神器와 같이 반짝이는
　　늬 피리 위에
　　나비가
　　나래를 폈느니라

　　하늘 나라에선
　　자라나면 죄 짓는다고

자라나기 전에 데려간다 하느니라
죄많은 아비는 따 우에
남아야 하느니라
방울 달린 은피리 둘을
만들었느니라
정성 드렸느니라
하나는
늬 棺속에
하나는 간직하였느니라
아비가 살아가는 동안
만지작거리느니라

---
* 수록 1.

평화 平和

고아원 마당에서 풀을 뽑고 있었다.
선교사가 심었던 수十년 되는 나무가 많다.

아직
허리는 쑤시지 않았다

잘 먹이지도 입히지도 못하지만
잠깨는 아침마다 오늘 아침에도
어린 것들은 행복한 얼굴을 지었다.

아뜨리에 환상 幻想 *

아뜨리에서 흘러 나오던
루드비히의
奏鳴曲
素描의 寶石길

한가하였던 娼街의 한낮
옹기 장수가 불던
單調

---
* 최초 발표될 때의 제목은 〈畵室幻想〉이었다(《문학춘추》, 1964. 12).

시체실 屍體室

四八세 男 交通 事故
    연고자 있음.
    三日째 安置되어 있음. 車主側과
    安協이 되어 있지 않음.

三一세 女 飮毒
    연고자 없음.
    이틀 전에 한 사람이 다녀갔다 함.

八세 病死
    今日 入室되었다 함.
    入棺된 順別임.

굵은 빗줄기의 室屋, 무더위 ―
바깥은 시앙鐵의 構造,
  드럼통을 두드리는 소리는 연거퍼
그치지 않았다.
他界에서의 屍體檢査를 進行하는 느낌.

    四八세의 男子는 친구로서

以北出身의 基督人이다 十字架를 목에
건 機關銃 射手였다. 十九年 前
士兵으로 入隊. 三年 前에 除隊. 最近에
結婚하였다. 싱겁게 죽어갔다.
　　　이름은 羅淳弼.

市立 無料病室엔 盲人이 된 四〇
세의 여동생이 十餘年 間 寄居하고
있다 단 하나뿐인 血統으로서 週末
마다 만났다 우리들은 當分間 알리지
않기로 合意하였다.

病室 머리맡엔 父親의 遺産인 聖經
한 卷이 備置되어 있다.
오빠가 갔을 때마다 몇 句節씩 읽어 주었다,
그녀에겐 그것만이 慰勞가 되었다.
그녀는 하느님의 딸이었다.

우리들은 달리는 列車 속에 앉아 있었다.
할 말이 남아 있지 않았다.
터널 속을 지나고 있다.

묵화 墨畵

물먹는 소 목덜미에
할머니 손이 얹혀졌다.
이 하루도
함께 지났다고,
서로 발잔등이 부었다고,
서로 적막하다고,

스와니강江이랑 요단강江이랑

그해엔 눈이 많이 나리었다. 나이 어린
소년은 초가집에서 살고 있었다.
스와니江이랑 요단江이랑 어디메 있다는
이야길 들은 적이 있었다.
눈이 많이 나려 쌓이었다.
바람이 일면 심심하여지면 먼 고장만을
생각하게 되었던 눈더미 눈더미 앞으로
한 사람이 그림처럼 앞질러 갔다.

북치는 소년

내용 없는 아름다움처럼

가난한 아희에게 온
서양 나라에서 온
아름다운 크리스마스 카드처럼

어린 羊들의 등성이에 반짝이는
진눈깨비처럼

왕십리 往十里

새로 도배한
삼칸초옥 한칸 房에 묵고 있었다
時計가 없었다
人力거가 잘 다니지 않았다.

하루는
도드라진 電車길 옆으로 챠리 챠플린氏와
羅雲奎氏의 마라돈이 다가오고 있었다.
金素月氏도 나와서 求景하고 있었다.

며칠뒤
누가 찾아왔다고 했다
나가본즉 앉은방이 좁은
굴뚝길밖에 없었다.

잿더미가 있던 마을

그때는 형무소가 아니면
가막소로 불렸다.
十二月 二十五日 새벽이면
교인들의 새벽송 소리가
여기도 지나다녔다
그런 때면 나도 묻어다니길
좋아했다
가막소 정문 앞 기인
담장 앞을 지나야
학교에 갈 수 있었고,
집으로 돌아갈 수도 있었다

먹을 거 파는 장수가 몇 군데 있었다
지나다니다 사먹길 좋아했다
자동차에 실려 오는 죄수들을 보면서
신나게 드나드는 간수들을 보면서
군고구마를 사먹고 있었다

몇 해 후 고등보통학교에 들어가서
조금 철이 들었다

연인이 생겼으나 잘 만나주지
않았다.
계절마다 잿더미의 저녁녘은
더 쌓이지도 줄지도 않았다.

비옷을 빌어 입고

온 終日 비는 내리고
가까이 사랑스러운 멜로디,
트럼펫이 울린다

二十八년 전
善竹橋가 있는
비 내리던
開城,

호수돈 高女生에게
첫사랑이 번지어졌을 때
버림 받았을 때

비옷을 빌어 입고 다닐 때
寄宿舍에 있을 때

기와 담장 덩굴이 우거져
온 終日 비는 내리고
사랑스러운 멜로디 트럼펫이
울릴 때

술래잡기

심청일 웃겨 보자고 시작한 것이
술래잡기였다.
꿈 속에서도 언제나 외로웠던 심청인
오랜만에 제또래의 애들과
뜀박질을 하였다.

붙잡혔다
술래가 되었다.
얼마 후 심청은
눈 가리기 헝겊을 맨 채
한동안 서 있었다.
술래잡기 하던 애들은 안됐다는 듯
심청일 위로해 주고 있었다.

문장수업 文章修業

헬리콥터가 떠 간다
철뚝길 연변으론
저녁 먹고 나와 있는 아이들이 서 있다
누군가 담배를 태는 것 같다
헬리콥터 여운이 띄엄하다
김매던 사람들이 제집으로 돌아간다
고무신짝 끄는 소리가 난다
디젤 기관차 기적이 서서히 꺼진다

소리 *

산마루에서 한참 내려다 보이는
초가집
몇 채

하늘이 너무 멀다.

얕은 소릴 내이는
초가집
몇 채
가는 연기들이

지난 일들은 삶을 치르노라고
죽고 사는 일들이
지금은 죽은 듯이
잊혀졌다는 듯이
얕은 소릴 내이는
초가집
몇 채
가는 연기들이

---
* 수록 1.

휴가 休暇

바닷가에서 낚시줄을 던지고 앉았다
잘 잡히지 않았다

날개죽지가 두껍고 윤기 때문에 반짝이는 물새 두 마리가 날아와 앉았다
대기하고 있었다
살금 살금 포복하였다
....
......
...

살아갈 앞날을 탓하면서
한잔 해야겠다

겨냥하는 동안 자식들은 앉았던 자릴 急速度로 여러번 뜨곤 했다
접근하노라고 시간이 많이 흘렀다
미친놈과 같이 중얼거렸다

자식들도 평소의 나만큼 빠르고 바쁘다
숨죽인 하늘이 동그랗다

한 놈은 뺑소니 치고

한 놈은 여름 속에 잡아 먹히고 있었다.
사람의 손발과 같이 모가지와 같이 너펄거리는 나무가 있는 바닷가에서

뾰죽집 *

뾰죽집이 바라 보이는 언덕에
구름장들이 뜨짓하게 대인다

嬰兒가 앞만 가린 채 보드라운
먼지를 타박거리고 있다. 놀고 있다.

뾰죽집 언덕 아래에
아취 같은 넓은 門이 트인다.

嬰兒는 나팔 부는 시늉을 했다.

장난감 같은
뾰죽집 언덕에

자주빛 그늘이 와
앉았다.

---

* 최초 발표될 때(《新映畵》, 1954. 11)와 3인 시집 《전쟁과 음악과 희망과》 (1957)에서의 제목은 〈뾰죽집이 바라보이는〉이었고, 첫 개인시집 《십이음계》 (1969)에서 현재의 제목으로 바뀌었다.

샹삐삥 *

술을 먹지 않았다.
가파른 산을 올라가고 있었다.
산과 하늘이 한 바퀴 쉬입게
뒤집히었다.

다른 산등성이로 바뀌어졌다.
뒤집힌 산덩어린 구름을 뿜은 채 하늘 중턱에
있었다.

뉴스인 듯한 라디오가 들리다 말았다.
드물게 심어진 잡초가 깔리어진 보리밭은
사방으로 펼치어져 하느 바람이 서서히 일었다.
한 사람이 앞장서 가고 있었다.

좀 가노라니까
낭떠러지 쪽으로
큰 유리로 만든 자그만 스카이 라운지가 비탈지었다.
言語에 지장을 일으키는
난쟁이 畵家 로트렉끄氏가
화를 내고 있었다.

---
* 수록 1.

앙포르멜

나의 無知는 어제 속에 잠든 亡骸 쎄자아르 프랑크가 살던 寺院 주변에 머물렀다.

나의 無知는 스떼판 말라르메가 살던 本家에 머물렀다.

그가 태던 곰방댈 훔쳐 내었다
훔쳐 낸 곰방댈 물고서
나의 하잘것이 없는 無知는
방 고호가 다니던 가을의 近郊 길바닥에 머물렀다.
그의 발바닥만한 낙엽이 흩어졌다.
어느 곳은 쌓이었다.

나의 하잘것이 없는 無知는
쟝 뽈 싸르트르가 經營하는 煙炭工場의 職工이 되었다.
罷免되었다.

드빗시 산장 山莊

결정짓기 어려웠던 구멍가게 하나를 내어 놓았다.

'한푼어치도 팔리지 않았음은 물론이고'

오늘도 지나간 것은 분명 차 한 대밖에 —

그새
키 작고 현격한 간격의 바위들과
도토리나무들이
어두움을 타 드러앉고
꺼먼 시공 뿐.
선회되었던 차례의 아침이 설레이다.

— 드빗시 산장 부근

아우슈뷔츠 · I

어린 校門이 보이고 있었다
한 기슭엔 雜草가.

죽음을 털고 일어나면
어린 校門이 가까웠다.

한 기슭엔
如前 雜草가,
아침 메뉴를 들고
校門에서 뛰어나온 學童이
學父兄을 반기는 그림처럼
복실 강아지가 그 뒤에서 조그맣게 쳐다보고 있었다
아우슈뷔츠 收容所 鐵條網
기슭엔
雜草가 무성해 가고 있었다

아우슈뷔츠 · II *

官廳 지붕엔 비들기떼떼가 한창이다 날아다니다간 앉곤 한다
門이 열리어져 있는 敎會堂의 形式은 푸른 뜰과 넓이를 가졌다.
整然한 舖道론 다정하게
생긴 늙은 우체부가 지나간다 부드러운 낡은 벽돌의
골목길에선 아희들이
고분고분하게 놀고 있고.
이 무리들은 제네바로 간다 한다
어린것과 먹을거 한조각 쥔 채

---

* 최초 발표될 때의 제목은 〈終着驛 아우슈뷔츠〉였다(《문학춘추》, 1964. 12).

몇 해 전에

자전거포가 있는 길가에서
자전거를 멈추었다.
바람나간 튜브를 봐 달라고 일렀다.
등성이 낡은 木造建物들의
골목을 따라 올라 간다.
새벽 같은 초저녁이다.
아무도 없다.
맨위 한 집은 조금만 다쳐도
무너지게 생겼다.
빗방울이 번지어졌다.
가져 갔던 角木과 나무조각들 속에 연장을 찾다가
잠을 깨었다.

십이음계 十二音階의 층층대 層層臺

石膏를 뒤집어 쓴 얼굴은
어두운 畫間.
旱魃을 만난 구름일수록
움직이는 나의 하루살이 떼들의 市場.
짙은 煙氣가 나는 뒷간.
주검 一步直前에 無辜한 마네킹들이 化粧한 陳列窓.
死産.
소리 나지 않는 完璧.

제 3 부
1970~1977

개체 個體

間間 暴音의 底邊 夜間 鍛造工廠과

딴 世界 이 곳엔 甚한 傾斜이다
漆黑이다
深大하다
빗방울이 번지고 있었다
죽음의 재들이 날아 와 붙고 있었다 해괴한 光彩를 일으키는 巨大한 物體가 스파크되고 있었다.

空中을 흘러가는 널판조각들의 溶暗은 거꾸로 가고 있었다

나의 精神은 술렁이고 있다.

트럼펫

아침 나절부터 누가
배우느라고 부는
트럼펫

루부시안느의 골목길
조금도 進行됨이 없는
어느 畵室의 한 구석처럼
어제 밤엔 팔리지 않은 아름다운 한
娼女의 다문 입처럼
오늘도 아침나절부터 누가
배우느라고 부는
트럼펫

첼로의 PABLO CASALS

나는 술꾼이다 낡은 城廓 寶座에 앉아 있다 正常이다 快晴하다
WANDA LANDOWSKA
J · S BACH도 앉아 있었다

獅子 몇놈이 올라왔다 또 엉금 엉금 올라왔다 제일 큰 놈의 하품,
모두 따분한 가운데 헤어졌다

―――――

나는 다시 死體이다 첼로의 PABLO CASALS

엄마

아침엔 라면을 맛있게들 먹었지
엄만 장사를 잘할 줄 모르는 行商이란다

너희들 오늘도 나와 있구나 저물어 가는 山허리에

내일은 꼭 하나님의 은혜로
엄마의 지혜로 먹을거랑 입을거랑 가지고 오마.

엄만 죽지 않는 계단

고장난 기체 機體

해온 바를 訂正할 수 없는 시대다
나사로의 무덤 앞으로 棺柩을 깨는 連山을 떠가고 있다

현대는 더 便利하다고하지만 人命들이 값어치 없이 더 많이 죽어가고 있다
자그만 돈놀이라도 하지 않으면 延命할 수 없는 敎人들도 있다

유성기 留聲器

한 老人이 햇볕을 쪼이고 있었다
　몇 그루의 나무와 마른 풀잎들이 바람을 쏘이고 있었다 BACH의 오보에 主題가 번지어져 가고 있었다 살다보면 자비한 것 말고 또 무엇이 있으리
　갑자기 해가 지고 있었다

달 뜰 때까지

해방 이듬 이듬해 봄
十時─十一時
솔밭 속을 기어가고 있음
멀리 똥개가 짖고 있음
달뜨기 전 넘어야 한다 함
경계선이 가까워진다 함

엉덩이가 들린다고 쥐어 박히고 있음
개미가 짖고 있음
기어가고 있음
달뜨기 전 넘었음

빈 마을 빈집들 있음
그런 데를 피해가고 있음
시간이 지났음

경계선이 다시 나타남
총기 다루는 소리 마구 보임
시야에

노란
붉은
검은 빗발침

개새끼들 길을 잘못 들었음

간간 遠近의 고함이
캄캄한 拘置所 전체가 벼룩떼이다
슈찰 한 놈이 다녀갔음 벽 힌 고데 거적뻬실 늘주어보았음 굵은 삭장 귀 네個가 가로질린 살창임 합세하여 잡아당기고 있음 흙덩어리 떨어진 소리가 오래가고 있음

짐작 時計
二時 빠져 나갈 구멍이 뚫리고 있음

腦波 일고 있음
현재 罪目 反動 및 破壞分子
三時

三時 ― 四時 아직 순찰 없음

두 다리부터 빠져나와 있음

허연 달 밑
기어가기 시작함 엉덩이가 들린다고
쥐어박히고 있음
달 지는 쪽 西쪽과
南쪽 파악하였음 엉덩이가 다시
높아지고 있음

투병기 鬪病記 *

한밤중 나체의 산발한 마녀들에게 쫓겨다니다가
 들어간 곳이 휘황한 광채를 뿜는 시체실이다 다가선 여러 마리의 마녀가 천정 쪽으로 솟아올라 붙은 다음 캄캄하다
 다시 새벽이 되었다 뭘좀 먹어야겠다

---

* 수록 1.

연인 戀人 *

어느 산간 겨울철로
접어들던 들판을 따라
한참 가노라면
헌 木造建物
이층집이 있었다
빨아 널은 행주조각이
덜커덩거리고 있었다
먼 鼓膜의 鬼神의 소리

---

* 수록 1.

山山*

오십평생 단칸 셋방뿐이다
怪石옆에 앉아 있었다
몇 잔의 高粱酒와 몇 조각의 호떡을 먹어치웠기 때문일까
따분하다

음악의 對位法처럼 彫代의 彫刻이 서서히 하늘에서 아무 기척이 없는 어느 古家 뜨락에 내리고 있다 푸드득 소리에 놀라 깼다
새가
난다

---

* 수록 1.

원정 園丁 *

비가 쏟아지고 우뢰가 칠 때에도 평화를 느낀다.
아침이 되었다.
안개 덩어리가 풀리고 있다.
돋아난 새싹들은 온통 초록이다.
어떤 나무에선, 높은 나무가지에선 새 소리가 반짝이고 있다.
이 하루도 아득한 생각이 든다.
루드비히 반 베토벤처럼.

---

* 수록 2. 〈시작 메모〉 "작년 이맘 때 병원에 입원했다. 장기간의 소주를 과음한 것으로 인하여 생긴 발병이었다. 입원한 날부터 나는 죽게 되어 있었다. 계속되는 혼수상태, 그 혼수상태에서 쓴 것이다."(《조선일보》, 1975. 6. 4)

투병기 鬪病記 *

꺼먼 부락이다

몇 겹의 유리가 하나씩 벗겨지고 있었다

살 곳을 찾아가는 중이다

하얀 바람결이 차다

집들은 샤갈이 그린 폐가들이고

골목들은 프로이트가 다니던

진수렁투성이다

안고 가던 쇤베르크의 악기가

깽깽거린다

---

* 수록 2.

장편 掌篇 *

   金素月 詞兄
   생각나는 곳은
   미개발 往十里
   蘭草 두어서넛 풍기던 삼칸초옥 下宿에다 해질무렵 탁배기 집이외다
   또는 흥정은 드믈었으나 손때가 묻어 정다웠던 대들보가 있던 雜貨商집이외다.

---

* 수록 1.

불개미

날을 가리지 않고
불개미처럼
빅톨 유고를 따라다녔다
歷代의 文豪들을

아우구스트 로당을,
그의 彫刻들이 선회하고
있는 곳을

올페 *

햇살이 눈부신
어느 날 아침

하늘에 닿은 쇠사슬이
팽팽하였다

올라오라는 것이다.

친구여. 말해다오.

---
* 수록 1.

발자국

폐허가 된
노천극장을 지나가노라면 어제처럼
獅子 한 마리 엉금 엉금 따라온다 버릇처럼 비탈진
길 올라가 앉으려면
녀석도 옆에 와 앉는다
마주 보이는
언덕 위
平均律의 나직한 音律이
새어나오는
古城 하나이,
일어서려면 녀석도 따라 일어선다

오늘도 이곳을 지나노라면
獅子 한 마리 엉금 엉금 따라온다
입에 넣은 손 멍청하게 물고 있다
아무 일 없다고 더 살라고*

---

* 최초 발표될 때 이 행은 "그 동안 죽어서 만나지 못한 어렸던 동생 종수가 없다고"로 되어 있었다(《문학춘추》, 1964. 12).

장편 掌篇 *

버스로 오십분쯤 나가면
비탈진 주택단지 축대들의 층층대
언덕 너머 야산 밑으론 마음
고운 여자 친구가 살고 있었다
부근엔 오두막 구멍가게 하나
있어 그 친구랑 코카콜라랑 소주를
즐길 때도 있었다

한동안 일에 쫓기다가 즐거운 마음으로 달려가 본즉
그 친군 어떤 사람과 동거 중이었다

야산과 축대들의 언저릴 경유하고 있었다
세자르 프랑크의 바레이슌처럼

---

* 수록 2.

기동차가 다니던 철뚝길

할아버지 하나가 나어린 손자 하나를
데리고 살고 있었다.
할아버진 아침마다 손때 묻은 작은 남비,
나어린 손자를 데리고
아침을 재미있게 끓이곤 했다.
날마다 신명께 감사를 드릴 줄 아는
이들은 그들만인 것처럼
애정과 희망을 가지고 사는 이들은
그들만인 것처럼
때로는 하늘 끝머리에서
벌판에서 흘러오고 흘러가는 이들처럼

이들은 기동차가 다니던 철뚝길
옆에서 살고 있었다

허공 虛空

사면은 잡초만 우거진 무인지경이다
자그마한 판자집 안에선 어린 코끼리가
옆으로 누운 채 곤히 잠들어 있다
자세히 보았다
15년 전에 죽은 반가운 동생이다
더 자라고 둬 두자
먹을 게 없을까

장편 掌篇·1

아작아작 크고 작은 두 마리의 염소가 캬베스를 먹고 있다
똑똑 걸음과 울음소리가 더 재미있다
인파 속으로 열심히 따라가고 있다
나 같으면 어떤 일이 있어서도 녀석들을 죽이지 않겠다

가을

亞熱帶에서 죽을 힘 다하여 살아온 나에게
햇볕 깊은 높은 山이 보였다
그 옆으론
大鐵橋의 架設
어디로 이어진지 모를
大鐵橋 마디마디는
요한의 칸타타이다
어지러운 文明 속에서 날은 어두워졌다

올페 *

올페는 죽을 때
나의 직업은 시라고 하였다
後世 사람들이 만든 얘기다

나는 죽어서도
나의 직업은 시가 못 된다

宇宙服처럼 月谷에 둥둥 떠 있다
귀환 時刻 未定.

---

* 수록 2.

장편 掌篇·2

조선총독부가 있을 때
청계川邊 一○錢 均一床 밥집 문턱엔
거지소녀가 거지장님 어버이를
이끌고 와 서 있었다
주인 영감이 소리를 질렀으나
태연하였다

어린 소녀는 어버이의 생일이라고
一○錢짜리 두 개를 보였다.

걷자

방대한

공해 속을 걷자

숲 없는

황야를 다시 걷자

스와니강江

스와니江가엔 바람이 불고 있었다
스티븐 포스터의 허리춤에는 먹다 남은
술병이 매달리어 있었다
날이 어두워지자

그는
앞서 가고 있었다

영원한 江가 스와니
그리운
스티븐

대화 對話

두이노城 안팎을 나무다리가 되어서
다니고 있었다 소리가 난다

간혹

죽은 친지들이 보이다가 날이 밝았다
모짜르트 銅像을 쳐다보고 있었다

아인슈타인에게 인간의 죽음이 뭐냐고
묻는 이에게 모짜르트를 못 듣게 된다고
모두 모두 平和하냐고 모두 모두.

꿈 속의 나라

한 귀퉁이

꿈 나라의 나라
한 귀퉁이

나도향
한하운씨가
꿈 속의 나라에서

뜬구름 위에선
꽃들이 만발한 한 귀퉁이에선

지그문트 프로이트가
구스타프 말러가
말을 주고받다가
부서지다가
영롱한 달빛으로 바꾸어지다가

민간인 民間人

1947년 봄
深夜
黃海道 海州의 바다
以南과 以北의 境界線 용당浦

사공은 조심 조심 노를 저어가고 있었다.
울음을 터뜨린 한 嬰兒를 삼킨 곳.
스무 몇 해나 지나서도 누구나 그 水深을 모른다.

샤이안

一八六五년 와이오밍 콜라우드 山 아래

뙤약볕 아래
망아지 한 마리
맴돌고 있다

다 죽었다 까라꾸라 마부리 까당다 살았다

날마다 날개쭉지 소리 거칠다
머얼리 번득일 때 있다
넓은 天地 호치카* 먹는다

---
* 뱀

고향

예수는 어떻게 살아갔으며
어떻게 죽었을까
죽을 때엔 뭐라고 하였을까

흘러가는 요단의 물결과
하늘나라가 그의 고향이었을까 철따라
옮아다니는 고운 소릴 내릴 줄 아는
새들이었을까
지몰이기는 간간한 물결이었을까

어부 漁夫

바닷가에 매어 둔
작은 고깃배
날마다 출렁거린다
풍랑에 뒤집힐 때도 있다
화사한 날을 기다리고 있다
머얼리 노를 저어 나가서
헤밍웨이의 바다와 老人이 되어서
중얼거리려고

살아온 기적이 살아갈 기적이 된다고
사노라면
많은 기쁨이 있다고

피카소의 낙서 落書

뿔과 뿔 사이의 처량한 박치기다 서로 몇 군데
명중되었다 명중될 때마다 산 속에서 아름드리
나무 밑둥에 박히는 도끼의 소리다.

도끼 소리가 날 때마다 구경꾼들이 하나씩
나자빠졌다.

연거푸 나무 밑둥에 박히는 도끼 소리.

서부西部의 여인

한 여인이 병들어가고 있었다
그녀의 남자도 병들어가고 있었다
일 년 후 다시 만나기로 하고 헤어졌다
그 일 년은 너무 기일었다

그녀는 다시 술집에 전락되었다가 죽었다

한 여인의 죽음의 門은
西部 한복판
돌막 몇 개 뚜렷한
어느 平野로 열리고

주인 없는
馬는 엉금엉금 가고 있었다

그 남잔 샤이안 族이
그녀는 牧師가 묻어 주었다.

파편 破片
― 金春洙 氏에게

어느 날밤
超速으로 흘러가는
몇 조각의 詩 破片은
軌道를 脫線한 宇宙船과 合勢해 가고 있었다

처지기도 하고 앞서기도 한다
그러다가는 치솟았다가 뭉치었다가
흩어지곤 한다

超速으로 흘러가는
몇 조각의 詩 破片은
아인슈타인이, 神이 버리고 간
宇宙迷兒들이다
어떻게 생긴지 모른다
毅然하다
어떤 때엔 아름다운 和音이 반짝이는
작은 방울 소릴 내이곤 한다

세자르 프랑크의 별.

미켈란젤로의 한낮

巨岩들의 光明
大自然 속
독수리 한 놈 떠 있고
한 그림자는 드리워지고 있었다.

성하 聖河

잔잔한 聖河의 흐름은
비나 눈 내리는 밤이면
더 환하다.

장편 掌篇 · 3

사람은 죽은 다음
천국이나 지옥에 간다 하지만
나는 틀린다
여러 번 죽음을 겪어야 할
아무도 가본 일 없는
바다이고
사막이다

작고한 心友銘
全鳳來 詩
金洙暎 詩
林肯載 文學評論家
鄭 圭 畵家

바다

바닷가 한낮이 가고 있었다
바다는 넓다고 하지만
세상에 태어나 첨 즐기고 있지만
철서덕 또 철서덕 바위에 부딪친다

텐트로 돌아갈 시간이 아득하다
全鳳健이가 쓴
마가로니 웨스탄이 큰 덩어리 그림자들이 두레박 줄이
한가하다
나는 쏘주는 먹을 줄 알지만
하모니카는 불 줄 모른다

한 마리의 새

새 한 마린 날마다 그맘때
한 나무에서만 지저귀고 있었다

어제처럼
세 개의 가시덤불이 찬연하다
하나는
어머니의 무덤
하나는
아우의 무덤

새 한 마린 날마다 그맘때
한 나무에서만 지저귀고 있었다.

동트는 지평선 地平線

연인의 信號처럼
동틀 때마다
동트는 곳에서 들려오는
가늘고 鮮明한
樂器의 소리
그 사나이는 遊牧民처럼
그런 세월을 오래오래 살았다
날마다 바뀌어지는 地平線에서.

장편 掌篇 · 4

정신병원에서 밀려나서
며칠이 지나는 동안 살아가던
가시밭길과 죽음이 오고가던
길목의 광채가 도망쳤다.
다만 몇 그루의 나무가 있는
邊方과 시간의 次元이 없는 古稀의
계단과 복도와 엘리자베스 슈만의
높은 天井을 느낀다

두꺼비의 역사 轢死

갈 곳이 없었다

비가 쏟아지고 있었다
버스를 기다리고 있었다

두꺼비 한 마리가 맞은편으로 어기적뻐기적 기어가고 있었다 연신 엉덩이를 들썩거리며 기어가고 있었다 차량들은 적당한 시속으로 달리고 있었다
수없는 차량 밑을 무사 돌파해가고 있으므로 재미있게 보였다

······

大型 연탄차 바퀴에 깔리는 순간의 擴散소리가 아스팔트길을 진동시켰다 비는 더욱 쏟아지고 있었다
무교동에 가서 소주 한 잔과 설농탕이 먹고 싶었다

시인학교 詩人學校

公 告

    오늘 講師陣

    음악 部門
    모리스 라벨
    미술 部門
    폴 세잔느

    시 部門
    에즈라 파운드
    모두
    缺講.

金冠植, 쌍놈의새끼들이라고 소리지름. 持參한 막걸리를 먹음. 敎室內에 쌓인 두터운 먼지가 다정스러움.

    金素月
    金洙暎 休學屆

全鳳來
金宗三 한 귀퉁이에 서서 조심스럽게 소주를 나눔. 브란덴브르그 협주곡 제五번을 기다리고 있음.

校舍.
아름다운 레바논 골짜기에 있음.

아우슈뷔츠 라게르

밤하늘 湖水가엔 한 家族이
앉아 있었다
평화스럽게 보이었다

家族 하나하나가 뒤로 자빠지고 있었다
크고 작은 人形같은 屍體들이다

횟가루가 묻어 있었다

언니가 동생 이름을 부르고 있다
모기 소리만하게

아우슈뷔츠 라게르.

평범한 이야기

한 걸음이라도 흠잡히지 않으려고 생존하여갔다

몇 걸음이라도 어느 성현이 이끌어 주는 고된 삶의 쇠사슬처럼 생존 되어갔다

세상 욕심이라곤 없는 불치의 환자처럼 생존하여갔다

환멸의 습지에서 가끔 헤어나게 되면은 남다른 햇볕과 푸름이 자라고 있으므로 서글펐다

서글퍼서 자리 잡으려는 샘터 손을 담그면 어질게 반영되는 것들 그 주변으론 색다른 영원이 벌어지고 있었다

내일은 꼭*

엄만 장사를 잘할 줄 모르는 행상이란다
너희들 오늘도 나와 있구나 저물어 가는 山허리에
내일은 꼭
엄마의 지혜로 너희들 육성회비랑 입을거랑 가지고 오마.
엄만 죽지 않는 階段

---
* 이 작품은 〈엄마〉(《시문학》, 1971. 9)의 원시(原詩)로 보인다.

실록 實錄

몇 줄 추리지 않을 수 없다
다시 본 再收錄이다
나치 獨逸로 하여 猶太族 七百五拾萬
아우슈뷔츠收容所에선 戰勢 기울기 시작 하루에 五千名씩 죽였다 한다
나치軍들의 왁살스러운 軍靴소리들은
有夫女들과 處女들도 발가벗겨 깨스室에 처넣었고
울부짓는 어린 것들을 끌어다가 同族들이 판 깊은 구덩이에 同族들 지켜보는 가운데 던졌고
반항기가 있는 者들은 즉각 絞首刑에 處하였고
높은 굴뚝에서 치솟는 검은 煙氣는
그칠 날이 없었고
날마다 늘어나는 死者들의 衣類와
眼鏡과 신발들은 산더미처럼 쌓여갔고
死者들의 머리카락들은 軍服만들기 織造物이 되었고
死者들의 뼈가루들은 農作物 肥料가 되었고

— 산채로 무서운 毒藥방울의 醫學實驗用이 되었고

人間虐殺工場이었던 아우슈뷔츠 近方에선 지금도 耕作을 하지 않는다 한다.

베들레헴

시야가 푸른 여인이 살아가던 성터이었다.

우거지었던 숲 사이에 비 나리던 어느 하오에도
다른 안개 속에서도
어릴 때 생활이었던 꿈 속에서도

다른 날씨로서 택하여 가던 맑은 날씨에도 푸른 시야는 아로삭히곤 가는
환상의 수난자이고 아름다운 인도주의자 였다.

각각으로 가하여지는 푸른 시야
베들레헴.

제 4 부

1978~1982

사람들 *

이변이 일어난 것이다.
뉴서울 컨트리 골프장에선
'빅톨 위고'씨와 '발자크'씨가 골프를 치고 있다.
고개들을 뒤로 젖히고 다투기도 한다.
다툴 때마다 번쩍거리는 '위고'씨의 시계줄도 볼 만하다.
'프리드리히 쇼팡'인 듯한 젊은이가 옆에서 시중을 들다가 들었던 물건을 메치기도 한다.
'이베르'의 戱遊曲이 와장창 뛰어 들면서 연신 어깨들을 들석거리다가
삿대질들을 하다가
박치기들을 하는데
왁자지껄한 소리에 눈을 떴다
창호지 문짝이 캄캄하다.

---

* 이 지방은 무허가집들이 밀집된 산동네 山팔번지 일대이다. 개백정도 산다.

서시 序詩

헬리콥터가 지나자
밭 이랑이랑
들꽃들일랑
하늬바람을 일으킨다
상쾌하다
이곳도 전쟁이 스치어 갔으리라.

산*

샘물이 맑다 차겁다 해발 3천 피이트이다

온통

절경이다

새들의 상냥스런 지저귐 속에

항상 마음씨 고왔던

연인의 모습이 개입한다

나는 또 다시

가슴 에이는 머저리가 된다.

---

* 수록 2.

앞날을 향하여

　나는 입원하여도 곧 죽을 줄 알았다.
　십여 일 여러 갈래의 사경을 헤매이다가 살아나 있었다.
　현기증이 심했다.
　마실을 다니기 시작했다.
　시체실 주위를 배회하거나
　죽어가는 사람의 침대 옆에 가 죽어가는 얼굴을 들여다보다가
　긴 복도를 왔다갔다 하였다.
　특별치료 병동 중환자 보호자 대기실에 놀러가곤 했다.
　시체실로 직결된 후문 옆에 있었다.
　중환자실 후문인 철문이 덜커덩 소릴 내이며 열리면 모두 후다닥 몰려 나가는 곳이 중환자 보호자 대기실이었다.
　한 아낙과 어린것을 안은 여인이 나를 유심히 보고 있었다. 나는 냉큼 손짓으로 인사하였다.
　그들은 차츰 웃음을 짓고 있었다. 말벗이 되었다.
　그인 살아나야만 한다고 하였고 오래된 저혈압인데 친구분들과 술추렴하다가 쓰러졌다.
　산소 호흡 마스크를 입에 댄 채 이틀이 지나며 산소호흡기 사용료는 한 시간에 오천 원이며 보증금은 삼만 원 들여 놓았다며
　팔려고 내놓은 판자집이 팔리드래도 진료비 절반도 못 된다며, 살아나 주기만 바란다고 하였다.

나는 그들을 만날 때마다 반겼다 그들도 나를 그랬다.

십구일 동안이나 의식불명이 되었다가 살아난 사람도 있는데 뭘 그러느냐고 큰소리치면 그들은 그저 만면에 즐거운 미소를 지었다.

며칠이 지난 새벽녘이었다.

아래층으로 내려가는 좁은 계단을 내려가고 있을 때, 어둠한 계단 벽에 기대고 앉아 잠든 아낙이 낯익었다.

가망이 없다는 통고를 받았다는 것이다.

그이가 생존할 때까지 돈이 아무리 들어도

그이에게서 산소 호흡기를 떼어서는 안 된다고 조용히 조용히 말하고 있었다.

되풀이 하여 조용히 조용히 말하고 있었다.

시작 詩作노우트

담배 붙이고 난 성냥개비불이 꺼지지 않는다 불어도 흔들어도 꺼지지 않는다 손가락에서 떨어지지도 않는다.
새벽이 되어서 꺼졌다.
이 時刻까지 무엇을 하며 살아왔느냐다 무엇 하나 변변히 한 것도 없다.
오늘은 찾아가보리라
死海로 향한
아담橋를 지나

거기서 몇 줄의 글을 감지하리라

遼然한 유카리나무 하나.

그날이 오며는

머지 않아 나는 죽을거야
산에서건
고원지대에서건
어디메에서건
모짜르트의 플루트 가락이 되어
죽을거야
나는 이 세상엔 맞지 아니하므로
병들어 있으므로
머지 않아 죽을거야
끝없는 평야가 되어
뭉게 구름이 되어
양떼를 몰고 가는 소년이 되어서
죽을거야

나*

망가져 가는 저질 플라스틱 臨時 人間

---
* 수록 2.

그럭저럭 *

그날도
하릴없이 어정어정 돌아다니고 있었다
수없는 車波들의 公害 속을

장사치기들의 騷亂 속을
생동감 넘치어 보이는
속물들의 人波 속을
머뭇거리다가 팝송 나부랭이 인기 대중가요가 판치는
곳에서 커피 한 잔 먹었다 메식거려 기분 나쁘게 먹었다

충무로 쪽을 걷고 있을 때
한 평 남짓한 자그만 카셋트 점포에서
핏셔 디스카우가 부른
슈베르트의 보리수가
찬란하게 흘러 나오고 있었다
한동안 자그마한 그 점포가
다정스럽게 보이고 있었다.

---

* 〈이어지는 短文〉
　　나는 소싯적부터 음악광이었다.
　　내 나이 쉰아홉, 어느덧 황혼기가 되었다.

모짜르트와 슈베르트는 애석하게도 서른두 살 때 죽었다는데, 아무 쓸모 없이 살아온 이놈은 너무 오래 살았다. 더 늙기 전에 덕지덕지하고 추해지기 전에 세상을 하직해야만 한다.

요새는 고전으로 돌아가 바하와 헨델의 수많은 음역(音域)들을 사괴이고 싶다. 영원 무궁한 음율(音律)들을.

맙소사

　새벽녘
　창호지 문짝이 캄캄하다
　이 地方은 無許可집들이 密集된 山동네 山팔번지 一帶이다
　개백정도 산다
　복덕방에 다니는 영감이 상처하고
　두 달 만인가 석 달 만에 젊다고 부랴부랴 얻어들인 후처가 해괴하다 그 아낙은 아닌 밤중에 미친 시늉을 하여 동네 사람들을 모이게 한 적도 있었다
　그 아낙은
　때 없이 안팎으로 떠들고 다니기도 한다 영감은 그 아낙에게 언제나 쩔쩔 맨다
　그들은 신문을 안 본다 文盲들인 것 같다
　새벽녘
　창호지 문짝이 캄캄하다
　영감이 심장마비로 갑자기 죽었다 한다 그 아낙의 해괴한 통곡 소린 그칠 줄 몰랐다
　동네에선 아무도 오지 않았다
　매장하는 데 필요한 사망진단선
　내가 떼다 주었다
　그들과 한뜰에 살았기 때문이다.

성당 聖堂

이 地上의

聖堂

나는 잘 모른다

높은 石山

밤하늘

헨델의 메시아를 듣고 있었다

불후 不朽의 연인 戀人

戀人을 알기에
착한이의 마음으로 알았다
한 幅의 아름다운
다빈치의 그림으로 알았다
아름다운 모짜르트의 풀룻과
하아프로 알았다.

그런 것들이 아니었는데.

형 刑

여긴 또 어드메냐
목이 마르다
길이 있다는
물이 있다는 그 곳을 향하여
罪가 많다는 이 불구의 영혼을 이끌고 가 보자
그치지 않는 전신의 고통이 하늘에 닿았다

앤니로리 *

노랑나비야
메리야
한결같이 아름다운
자연 속에
한결같이 마음이 고운 이들이
산다는 곳을
노랑나비야
메리야
너는 아느냐.

---

* 발표 당시의 형태는 다음과 같았다. "노랑나비야/ 메리야 메리야/ 한결같이 아름다운/ 자연 속에/ 한결같이 마음이 고운 이들이/ 산다는 곳을/ 노랑나비야/ 메리야 메리야/ 너는 아느냐."(《현대문학》, 1979. 10)

또 한번 날자꾸나

내가 죽어가던 아침나절 벌떡 일어나
날계란 열 개와 우유 두 홉을 한꺼번에 먹어댔다.
그리고 들로 나가 우물물을 짐승처럼 먹어댔다.
얕은 지형지물들을 굽어보면서 천천히 날아갔다.
착하게 살다가 죽은 이의 죽음도 빌려 보자는
생각도 하면서 천천히
더욱 천천히

샹펭 *

어느 산록 아래 평지에
널찍한 방갈로 한 채가 있었다
사방으로 펼쳐진
잔디밭으론
가즈런한
나무마다 제각기 이글거리는
색채를 나타내이고 있었다

세잔느인 듯한 노인네가
커피 칸타타를 즐기며
벙어리 아낙네와 손짓으로
대화를 나누고 있었다
가까이 가 말참견을 하려 해도
거리가 좁히어지지 않았다

---

* 수록 2.

내가 죽던 날

눈발이 날리고 있었다
주먹만하다 집채만하다
쌓이었다가 녹는다
교황청 문 닫히는 소리가 육중
하였다 냉엄하였다
거리를 돌아다니다가
다비드像 아랫도리를 만져보다가
관리인에게 붙잡혀 얻어터지고 있었다

라산스카 *

바로크 시대 음악 들을 때마다
팔레스트리나 들을 때마다
그 시대 풍경 다가올 때마다
하늘나라 다가올 때마다
맑은 물가 다가올 때마다
라산스카
나 지은 죄 많아
죽어서도
영혼이
없으리

---
* 수록 3.

꿈이었던가

그 언제부터인가
나는 罪人
수억 年間
주검의 連鎖에서
惡靈들과 昆蟲들에게 시달려 왔다
다시 계속된다는 것이다

헨쎌라 그레텔

오라토리오 떠 오를 때면 遼遠한 동안 된다
牧草를 뜯는
몇 마리 羊과
天空의
最古의 城
바라보는 동안 된다.

새

또 언제 올지 모르는
또 언제 올지 모르는
새 한 마리가 가까이 와 지저귀고 있다.
이 세상에선 들을 수 없는
고운 소리가
천체에 반짝이곤 한다.
나는 인왕산 한 기슭
납작집에 사는 산사람이다.

새벽

모두들 잠들었다.
연민의 나라
인정이 찾아가지 못했던 나라
따사로운 풍광의 나라
추억의 나라에서
趙芝薰과
朴木月
張萬榮과
金洙暎
가끔
크라비 코드 소리가 희미하다.

실기 實記 *

나의 막역한 친구
볼프강 아마데우스 모짜르트가
병고를 치르다가 죽었다 향년 32세
장의비가 없었다
동네에서 비용을 거두었다
부인이 보이지 않았다

묘지로 운구 도중
비바람이 버지고 있었다
점점 심해지고 있었다
하나 하나 도망치기 시작했다
한 사람도 남지 않고 다 도망치고 말았다

볼프강 아마데우스 모짜르트

---

* 수록 1.

추모합니다

작곡가 尹龍河씨는
언제나 찬연한 꽃 나라
언제나 자비스런 나라
언제나 인정이 넘치는 나라
음악의 나라 기쁨의 나라에서
살고 있을 것입니다.

遺品이라곤 遺産이라곤
五線紙 몇 장이었읍니다
허름한 등산모자 하나였읍니다
허름한 이부자리 한 채였읍니다
몇 권의 책이었읍니다

날마다 추모합니다.

투병기 鬪病記 *

다시 끝없는 荒野가 되었을 때
하늘과 땅 사이에
밝은 화살이 박힐 때
나는 坐客이 되었다
신발만은 잘 간수해야겠다
큰 비가 내릴 것 같다.

---

* 수록 3.

소금 바다

나도 낡고 신발도 낡았다
누가 버리고 간 오두막 한 채
지붕도 바람에 낡았다
물 한 방울 없다
아지 못할 봉우리 하나가
햇볕에 반사될 뿐
鳥類도 없다
아무 것도 아무도 물기도 없는
소금 바다
주검의 갈림길도 없다.

그라나드의 밤
―黃東奎에게

드뷔시 프렐뤼드
씌어지지 않는
散文의 源泉

연주회

  두 사람의 생애는 너무 비참하였다. 그러므로 그들에겐 신에게서 베풀어지는 기적으로 하여 살아갔다 한다. 때로는 살아갈 만한 희열도 있었다 한다. 환희도 있었다 한다. 영원 불멸의 인간다운 아름다움의 내면세계도 있었다 한다. 딴따라처럼 둔갑하는 지휘자가 우스꽝스럽다. 후란츠 슈베르트 · 루드비히 반 베토벤 ─

풍경

싱그러운 巨木들 언덕은 언제나 천천히 가고 있었다

나는 누구나 한번 가는 길을
어슬렁어슬렁 가고 있었다

세상에 나오지 않은
樂器를 가진 아이와
손쥐고 가고 있었다

너무 조용하다.

운동장

열서너살 때
'午正砲'가 울린 다음
점심을 먹고
두살인가 세살 되던
동생애를 데리고
평양고등보통학교 운동장에 놀러갔읍니다
넓다란 운동장이 텅텅
비어 있었읍니다
그애는 저를 마다하고 혼자 놀고 있었읍니다 중얼거리며 신나게
놀고 있었읍니다
저는 먼 발치
철봉대에 기대어
그애를 지켜보다가
시간 가는 줄 모르고
기초철봉을 익히고 있었읍니다
그애가 보이지 않았읍니다
그애는 교문을 나가 뒤도 돌아보지 않고 울다가 그치고 울다가
그치곤 하였읍니다

저는 그 일을 잊지 못하고 있읍니다

그애는 저보다 먼저 죽었기 때문입니다

돌아올 때
그애가 즐겨먹던 것을 사주어도
받아 들기만 하고
먹지 않았읍니다.

장편 掌篇 *

어지간히 추운 날이었다
눈발이 날리고 한파 몰아치는 꺼먼 날이었다
친구가 편집장인 아리랑 잡지사에 일거리 구하러 가 있었다
한 노인이 원고를 가져 왔다
담당자는 매수가 적다고 난색을 나타냈다
삼십 이 매 원고료를 주선하는 동안
그 노인은 연약하게 보이고 있었다
쇠잔한 분으로 보이고 있었다
얼마 안 되어 보이는 고료를 받아든 노인의 손이 조금 경련을 일으키는 것 같았다.
계단을 조심스럽게 내려가는 노인의 걸음걸이가 시원치 않았다

이십여 년이 지난 어느 추운 날 길거리에서 그 당시의 친구를 만났다 문득 생각나 물었다
그 친군 안 됐다는 듯
그분이 方仁根씨였다고.

---

* 수록 3.

제작 制作

그렇다
非詩일지라도 나의 職場은 詩이다.

나는
진눈깨비 날리는 질짝한 周邊이고
가동中인
夜間鍛造工廠

짚어가리마치 짚어가는 欠谷

외출 外出

밤이 깊었다
또 外出하자

나는 飛翔할 수 있는 超能力의 怪物體이다

노트르담寺院
서서히 지나자 側面으로 한 바퀴 돌자 차분하게

和蘭
루벤스의 尨大한 天井畵가 있는
大寺院이다

畵面 全體 밝은 불빛을 받고 있다 한귀퉁이 거미줄 쓸은 곳이 있다

부다페스트
죽은 神들이
點綴된

漆黑의
마스크
外出은 短命하다.

글짓기

소년기에 노닐던
그 동뚝 아래
호숫가에서
고요의
피아노 소리가
지금도 들리다가 그친다

사이를 두었다가
먼 사이를 두었다가
뜸북이던
뜸부기 소리도
지금도 들리다가 그친다

나는 나에게 말한다
죽으면 먼저 그곳으로 가라고.

최후最後의 음악音樂

세자아르 프랑크의 音樂 '바리아숑'은
夜間 波長
神의 電源
深淵의 大溪谷으로 울려퍼진다

밀레의 고장 바르비종과
그 뒷장을 넘기면
暗然의 邊方과 連山
멀리는
내 영혼의
城廓

아데라이데 *

나 꼬마 때 평양에 있을 때
기독병원이라는 큰 병원이 있었다
뜰이 더 넓고 푸름이 가득 차 있었다
나의 할머니가 입원하고 있었다
입원실마다 복도마다 계단마다
언제나 깨끗하고 조용하였다
서양 사람이 설립하였다 한다
어느 날 일층 복도끝에서
왼편으로 꼬부라지는 곳으로 가 보았다
출입문이 반쯤 열려 있었다
아무도 없었다 맑은 하늘색 같은 커튼을 미풍이 건드리고 있었다.
가끔 건드리고 있었다
바깥으론 몇 군데 장미꽃이 피어 있었다
까만 것도 있었다
실내엔 색깔이 선명한
예수의 초상화가 걸려 있었고
넓직하고 길다란 하얀 탁자 하나와 몇 개의 나무의자가 놓여져 있었다.
먼지라곤 조금도 찾아볼 수 없었다
딴 나라에 온 것 같았다
자주 드나들면서

매끈거리는 의자에 앉아 보기도하고 과자조각을 먹으면서 탁자 위
에 뒹굴기도 했다,
  고두기(경비원) 한테 덜미를 잡혔다
  덜미를 잡힌 채 끌려 나갔다
  거기가 어딘줄 아느냐고
  '안치실' 연거퍼 머리를 쥐어박히면서 무슨 말인지 몰랐다.

---

* 젊은 나이에 요절한 볼프강 아마데우스 모짜르트가 일곱살 때 작곡한 곡명이며 바이얼린 협주곡이다. 공명(共鳴) 될 때가 많았다.

六七年 一月

조용한 바다와
한가한 精米所와
敎會堂과
앉은방이 낡은 石塔과 같은 어머니와
어진 사람들이 사는 洞里지만 嚴冬이다.

얼마전 아버지가 묻혔다.
한 달만에 어머니가 묻히었다.
十여 년 전 海軍에 가 있던 동생은 火葬하였다고 한다
가난한 친구의 아내와 얘기하다 본즉 西山이다.

연인의 마을

서까래 밑으로 쌓여진 굳어진 눈도
지붕 너머 포플라 나무 중간에 얹혀진 까치집도
등성이도 공동묘지도 연인의 흔적이다.

내가 재벌이라면

내가 재벌이라면
메마른
양로원 뜰마다
고아원 뜰마다 푸르게 하리니
참담한 나날을 사는 그 사람들을
눈물 지우는 어린것들을
이끌어 주리니
슬기로움을 안겨 주리니
기쁨 주리니.

평화롭게

하루를 살아도
온 세상이 평화롭게
이틀을 살더라도
사흘을 살더라도 평화롭게

그런 날들이
그날들이
영원토록 평화롭게 —

소공동 지하 상가

두 소녀가 가즈런히
쇼 윈도우 안에 든 여자용
손목시계들을 들여다 보고 있었다.
하나같이 얼굴이 동그랗고
하나같이 키가 작다
먼 발치에서 돌아다 보았을 때에도
조금도 움직이지 않고 들여다 보고 있었다
쇼 윈도우 안을 정답게 들여다 보던
두 소녀의 가냘픈 모습이
며칠째 심심할 때면
떠 오른다
하나같이 동그랗고
하나같이 작은.

겨울 피크닉

철저하게 얼어붙었다
나무와
계곡과
바위와
하늘
그리고 산봉우리까지도

우직끈 무너져 내린
돌덩어리들이 도망치는
나에게 날아오고 있었다
어떤 것들은 굴러오고 있었다

얌마 너는 좀 빠져 꺼져
죽은 내 친구
내 친구
목소리였다.

아침

나는 죽어가고 있었다
며칠째 지옥으로 끌리어가는 최악의 고통을 겪으며
죽음에 이르고 있었다.
집사람은
임박했다고
흩어진 물건들을 정리하고
골방 구석구석을 청소하고
식은땀을 닦아 주고 나가 버렸다
며칠째 먹지 못한 빈 속에
큼직큼직한 수면제 여덟 개를 먹었다
잠시 후 두 개를 더 먹었다
일 미리 아티반 열 개를 먹었다
잠들면 깨어나지 않으려고 많이 먹었다

낮은 몇 순간
밤보다 새벽이 더 길었다
손가락 하나가 뒷잔등을 꼬옥 찔렀다
죽은 아우 '宗洙'의
파아란 한 쪽 눈이 나를 지켜보고 있었다
오랫동안 나에게서 잠시도 떠나지 않고 노려보고 있었다

자동차 발동 거는 소리가 들렸다
갑자기 아무거나 먹고 싶어졌다
닥치는 대로 먹었다
아침이다
이틀만에 깨어난 것이다
고되인 걸음이 시작되었다
앞으로 앞으로

음역 音域
―宗文兄에게

나는 音域들의 影響을 받았다
구스타프 말러와
끌로드 드뷔시도 포함되어 있다
그들의 傾向과 距離는
멀고 그 또한
구름빛도 다르지만……

행복 *

오늘은 용돈이 든든하다
낡은 신발이나마 닦아 신자
헌 옷이나마 다려 입자 털어 입자
산책을 하자
북한산성행 버스를 타 보자
안양행도 타 보자
나는 행복하다
혼자가 더 행복하다
이 세상이 고맙다 예쁘다

긴 능선 너머
중첩된 저 산더미 산더미 너머
끝 없이 펼쳐지는
멘델스존의 로렐라이 아베마리아의
아름다운 선율처럼.

---

* 〈산문/습작의 되풀이〉 "십여 년간 직장생활을 하다가 밀려난 후 이 년 가까이 놀고 있다. 나이 탓인지 다시 취직을 한다는 것은 엄두도 못 낸다. 그럭저럭 잡문 나부랭이라도 쓰면서 살아가자니 이것도 큰일이다. 쓸 자신도 없거니와 어디에 어떻게 적응할 줄도 모른다.
  그러나 그 동안 고마운 일이 몇 번 터졌다. 몇몇 문예지에서 고료를 후하게

받아 본 적이 있었다. 문예진흥원에서 나오는 지원금이 포함되었다는 것이다. 딴 데 비하면 얼마 안 되는, 아무것도 아닌 액수이지만 나로선 정신적인 희열이기도 했다. 한편 부끄러운 생각도 든다. 솔직히 말해서 시 문턱에도 가지 못한 내가 무슨 시인 구실을 한다고."

장편 掌篇 *

작년 1월 7일
나는 형 종문이가 위독하다는 전달을 받았다
추운 새벽이었다
골목길을 내려가고 있었다
허술한 차림의 사람이 다가왔다
한미병원을 찾는다고 했다
그 병원에서 두 딸아이가 죽었다고 한다
부여에서 왔다고 한다
연탄가스 중독이라고 한다
나이는 스물 둘, 열 아홉
함께 가며 주고받은 몇 마디었다
시체실 불이 켜져 있었다
관리실에서 성명들을 확인하였다
어서 들어가 보라고 한즉
조금 있다가 본다고 하였다.

---

* 수록 4.

간이 교회당이 있는 동네

야쿠르트 아줌마가 지나가고 있다.
나는 이 동네에서 산다.
우중충한 간이 종합병원도 있다. 그 병원엔 간혹 새 棺이 실려 들어가곤 했다.
야쿠르트 아줌마가 병실에서 나와 지나가고 있다.
총총걸음으로 조심스럽게

여름 성경학교

베데스다 연못가
넓은 평야의 나라
하기 성경학교
우거진 숲속에 있었다

한 소년은 동화책에 나오는 그림처럼
메가폰을 입에 대고 뛰어다니기도 했다
오라 오라
하기 성경학교로 오라고

한 골짜기에서

한 골짜기에서
앉은뱅이 한 그루의 나무를
보았다
잎새들은 풍성하였고
색채 또한 찬연하였다
인간의 생명은 잠깐이라지만

난해한 음악들

나에겐 너무 어렵다. 난해하다.
이 세기에 찬란하다는
인기가요라는 것들, 팝송이라는 것들,

그런 것들이
대자연의 영광을 누리는 산에서도
볼륨 높이 들릴 때가 있다.

그런 때엔
메식거리다가
미친 놈처럼 뇌파가 출렁거린다.

여수 女囚

다섯 살인가 되던 해
보모를 따라가고 있었다.

자혜병원이라는 앞문이
멀어 보이었다.
며칠 전에 자동차가 이 길을
어디론가 지나갔다 한다.

길이 꼬부라지는 담장 옆에
높다랗고 네모진 자동차가
서 있었다.
얼굴이 가려씌워진 팽가지들을 본 것은
그 날이 아닌 것처럼 女囚라고 하였던
들은 말도 그 전이 아니면 그 후였다.

느린 박자 올갠이 빤 하였다
소학교 교정이 말끔하게 비어 있었다
길 끝으로 어린 兒孩가 어린 兒孩를
업고 가는 모습이었다.

보모가 간 집은 얕은 울타리
나무가 많은 벽돌집이었다.
가늘고 오뚝한 窓門이 낯설었다
해가 들지않는 아뜨리에 같은 데서
두 女人이 만났다. 커다란 두 손과
두 손이 연거퍼 쥐어졌다
두부파는 종이 땡가당거렸다

돌아올 때엔 작은 손에
커다란 배 한 알이 쥐어졌다.
맞이한 女人의 손이
커다란 손이었다.

지 地

어디서 듣던
奏鳴曲의 좁은
鐵橋를 지나면서 그 밑의
鐵路를 굽어 보면서
典當舖와 채마밭이 있던
곳을 지나면서

畵人으로 태어난 나의 層層階의 簡易의 房을 찾아가면서
무엇을 먼저 祈求할 바를 모르면서

어두워지는 風景은
모진 생애를 겪은
어머니 무덤
큰 거미의 껍질

따뜻한 곳

남루를 입고 가도 차별이 없었던 시절
슈벨트의 歌曲이 어울리던 다방이 그립다

눈내리면 추위가
계속되었고
아름다운 햇볕이
놀고 있었다

누군가 나에게 물었다

누군가 나에게 물었다. 시가 뭐냐고
나는 시인이 못됨으로 잘 모른다고 대답하였다.
무교동과 종로와 명동과 남산과
서울역 앞을 걸었다.
저녁녘 남대문 시장 안에서
빈대떡을 먹을 때 생각나고 있었다.
그런 사람들이
엄청난 고생 되어도
순하고 명랑하고 맘 좋고 인정이
있으므로 슬기롭게 사는 사람들이
그런 사람들이
이 세상에서 알파이고
고귀한 인류이고
영원한 광명이고
다름아닌 시인이라고.

전정 前程 *

나는 지금 살아있다 건재하다
다시 말해
누구보다도 더 힘차게 살아가고 있다
그러나 언제 죽을지 모른다
그러므로 생각이 흩어지기 전
거기에 對備
무엇인가를 감지해 내야만 하겠다.

---

* 수록 1.

장님

장님들은 언제나 착하게 보이었다
가파른 계단을 올라가면서도
지팡이와 함께 하늘을 향해 웃음 짓는다

가파른 계단을 조심스럽게
내려오면서도 지팡이와 함께
하늘을 향해 웃음 짓는다.

검은 문門

어쩌다가 바보가 되곤 한다
그런 때면 슬슬 걷는다
덕수궁 담장 옆은 다른 곳보다
조용하기 때문이다
貞洞敎會 뜰안
두 그루의 古木과
大法院 正面이 나타나곤 한다
그 오른 쪽
培材學堂 때
담장 앞과 직결되었던
검은 門
애환과 참담과
無實의 죄수들도
실려 드나들던
검은 門
길과 길들이 整然하다
차츰 分明해지는 것이 있다
나는 무엇인가
나의 罪科는 무엇인가.

전창근 金昌根 선생님

조금이라도 진실을 찾아야 겠다
金昌根 선생님은
이 나라에서 진실을 찾으시던
唯一의
巨人이었읍니다
저만 알고 있읍니다

나의 주主*

그 날도
저 地點까지도
죽어가던 나를
主님이 이끌어 주었다
그 다음부터도
오늘에 이르기까지도
이 時刻까지도 이끌어 준다
뻔뻔스런 罪人을.

* 수록 1. 〈이어지는 단문〉 "작년 여름이었다. 깨어 보니 새벽인지 밤인지 낮인지 알 수 없었다. 대패질을 하지 않은 나무침대였다. 간병인인 듯한 여자가 나가라고 했다. 주소와 이름을 쓰고 지장을 찍으라고 했다. 그 병원문을 나오자마자 쓰러졌다. 누군가 나를 깨웠다. 조금 정신이 드는 듯했다. 그 병원의 간판을 보았다. 동부시립병원이었다. 십여 일 동안 술만 먹었다. 술이 주식이었다."

장편 掌篇 *

쉬르레알리즘의 시를 쓰던
나의 형
宗文은 내가 여러 번 입원하였던 병원에서
심장경색증으로 몇 해 전에 죽었다.
(............)
아우는 스물두 살 때 결핵으로 죽었다
나는 그 때부터 술꾼이 되었다

---

* 수록 5.

제 5 부

1983~1984

라산스카 *

하늘 속 맑은
변두리
새 소리 하나
물방울 소리 하나
마음 한 줄기 비추이는
라산스카

---
* 수록 4.

꿈의 나라 *

무척이나 먼

언제나 먼

스티븐 포스터의 나라를 찾아가 보았다

조그마한 통나무집들과
초목들도 정답다 애틋하다
스티븐을 찾아다니고 있었다
같이 한 잔 하려고.

───────
* 그분도 볼프강 아마데우스 모짜르트처럼 프란츠 슈베르트처럼 애석하게도 젊은 나이에 죽었다. 알콜 중독으로 폐인이 되어서 방황하다가 죽었다. 그가 남긴 가곡들은 애련하기도 하고 우아하기도 하고.

실기 實記 *

베토벤을 따르던 한 소년이 있었지
그 소년과 산책을 하다가 어느 점포를 기웃거리다가
맥주 몇 모금씩을 얻어 마셨지
소년의 머리를 쓰다듬으며 끽끽거렸지
우리는 맥주를 마시긴 마셨지 하면서 끽끽거렸지
그는 田園交鄕曲을 쓰고 있을 때이다.
귀가 멀어져
새들의 지저귐도
듣지 못할 때이다.

루드비히 반 베토벤.

---
* 수록 2.

사별 死別

저는 투병하면서 걸레 같은 옷을 걸치고 돌아다닐 때가 많았읍니다
이승과 저승이 다를 바 없다고 중얼거리면서 죽어도 밖에서 죽자고 중얼거리면서 오늘 날짜로 죽자고 중얼거리면서
金炳翼
吳圭原
崔夏林
鄭玄宗
朴堤千
金鍾海가 여러 번 보살펴 주었읍니다. 죽을 날이 가까왔다고 걱정해 주던 나의 형 金宗文이가 저보다 먼저 죽었읍니다
저는 날마다 애도합니다
죽은 지 오래 된 아우와
어머니를
그리고 金冠植을.

전정 前程 *

나는 무척 늙었다 그러므로
나는 죽음과 친근하다 유일한 벗이다
함께 다닐 때도 있었다
오늘처럼 서늘한 바람이 선들거리는
가을철에도
겨울철에도 함께 다니었다
포근한 눈송이 내리는 날이면
죽음과 더욱 친근하였다 인자하였던
어머니의 모습처럼 그리고는 찬연한
바티칸 시스틴의, 한 壁畵처럼.

---

* 수록 2. "구질구질하게 너무 오래 살았다. 더 늙기 전에 더 누추해지기 전에 죽음만이 극치가 될지도 모른다. 익어가는 가을햇볕 속에 작고한 선배님들이 반갑게 아른거린다."

백발 白髮의 에즈라 파운드

深夜의
城砦
덩지가 큰 날짐승이 둘레를 徐徐히
떠돌고 있다
가까이 날아와 멎더니
長身의 白髮이 된다
에즈라 파운드이다
잠시 후 그 사람은 다른 데로 떠나갔다

길

　나는 넘을 수 없는 산을 넘고 있었다 길 잃고 오랜 동안 헤매이다가 길을 다시 찾아내인 것처럼 나의 날짜를 다시 찾아내인 것이다
　앞당겨지는 죽음의 날짜가 넓다.

꿈 속의 향기

金素月 성님을 만났다
어느 산촌에서
아담한 기와집 몇 채 있는 곳에서
싱그러운 한 그루
나무가 있는 곳에서
산들바람 부는 곳에서
상냥한 女人이 있는 곳에서.

등산객 登山客

어른거리는 斑點들이 크다
친구와 내 친구와 함께
여러 번 온 곳이다
또 다시
마당바위
여러 형태의 바위들이
즐비하다
峻嶺의 夕陽녘
옆으로 길게 퍼진
금빛 구름 작대기들
꺼먼 구름 작대기도 볼 만하다
나는 살아갈 수 없는 중환자이다
죽으러 온 것이다
어른거리는 검은 斑點들이
무겁다

벼랑바위

까마득한 벼랑바위
하늘과 땅이 기울었다가
바로잡히곤 한다

하나님은 어느 누구의 祈禱도 듣지 않는다 한다
죽은 이들의 祈禱만 듣는다 한다.

비시 非詩

그때의 내가 아니다
미션계라는 간이 종합병원에서이다
나는 넝마 같은 환자복을 입고 있었다
고통스러워 난폭하게 죽어가고 있었다
하루 이틀 다른 병원으로 옮기어질 때까지
시간을 끌고 있었다
벼랑바위가 자주 나타나곤 했다

어제처럼 그제처럼
목숨이 이어져가고 있음은
아무리 생각하여도
시궁창에서 산다 해도
主의 은혜이다.

어머니

불쌍한 어머니
나의 어머니는 아들 넷을 낳았다
그것들 때문에 모진 고생만 하다가
죽었다 아우는 비명에 죽었고
형은 64세때 죽었다
나는 불치의 지병으로 여러 번 중태에 빠지곤 했다
나는 속으로 치열하게 외친다
부인터 공동 묘지를 향하여
어머니 나는 아직 살아 있다고
세상에 남길 만한
몇 줄의 글이라도 쓰고 죽는다고
그러나
아직도 못 썼다고

불쌍한 어머니
나의 어머니

소리 *

連山 上空에 뜬
구름 속에서 무슨 소리가 난다
무슨 소리가 난다
아지 못할 單一樂器이기도 하고
평화스런 和音이기도 하다
어떤 때엔 天上으로
어떤 때엔 地上으로 바보가 된 나에게도
무슨 신호처럼 보내져 오곤 했다

---

* 수록 2.

극형 極刑

빗방울이 제법 굵어진다
길바닥에 주저앉아
먼 산 너머 솟아오르는
나의 永園을 바라보다가
구멍가게에 기어들어가
소주 한 병을 도둑질했다
마누라한테 덜미를 잡혔다
주머니에 들어 있던 토큰 몇 개와
반쯤 남은 술병도 몰수당했다
비는 왕창 쏟아지고
몇 줄기 光彩와 함께
벼락이 친다
强打
連打

라산스카 *

집이라곤 비인 오두막 하나밖에 없는
草木의 나라

새로 낳은
한 줄기의 거미줄처럼
水邊의
라산스카

라산스카
인간되었던 모진 시련 모든 추함 다 겪고서
작대기를 짚고서.

---

* 수록 5.

동산 *

아름다운 여인
롯테 레만의 노래가 자리잡힌 곳
아희들과
즐거운 강아지와
어여쁜 집들과
만발한 꽃들과
얕은 푸른 산
초록빛 산이
항상 보이도다.

* 발표 당시의 제목은 〈앤니로리〉였다(《월간문학》, 1981. 8).

라산스카 *

미구에 이른
아침

하늘을
파헤치는
스콥소리

---
* 수록 6.

이산가족

한 離散가족의 경우를 보았다.

다 늙고 가난과 질병과 상흔에 찌들린
서로의 참담한 모습이 畵面에 비치자,
울부짖다가
부축을 받는
흔들림을
보았다.
그렇다.
죽음만이 참사가 아니다.

심야 深夜

 또 症勢가 발작되었다 거대한 岩壁의 한 측면이 된다 분열되는 팟사갈리아 遁走曲이 메아리치곤 한다 나는 견고하게 조립된 한 個의 위축된 물체가 된다 위축된 怪力이 되어 電磁波처럼 超速으로 흘러가는 광막한 宇宙 空間이 된다 腦波가 고갈되었으므로 아무 생각도 하지 못한다.

오늘 *

이 하루도 살아가고 있다. 토큰 열여덟개를 사서 주머니에 깊숙이 넣었다. 며칠 동안은 넉넉하다.

나는 덕지 덕지한 늙은
아마추어 시인이다.
조그마치라도
덕지 덕지함을 탈피해 보자.
그 골짜기로 가 보자.
앉기 좋은 그 바위에 또 앉아 보자.
두홉들이 소주 반만 먹자. 반은 버리자.

---

* 수록 1.

기사 記事

스무 몇해나 단골이었던 그 다방도 달라졌다 지저분한 곳이 되었다 주방이라는 구석도 불결하게 보이곤 했다. 메식메식한 가요 나부랭이가 울려퍼질 때도 있다.
  그곳은 작고하신 선배님들이 쉬었다가 가시던 곳이다
  趙芝薰
  張萬榮 선배님도 오시던 곳이다
  죽음을 의식할 때마다
  나의 音域이 되는,
  바하와
  헨델을, 들을만한 곳도 없다
  있다 하더라도 청소년들이 차지한다
  고정된 볼륨이 폭발적이다
  볼륨 조절이 안돼 있다 청소년들의 취미에 맞는 것들이 요란하게 판치고 있다
  나의 벗,
  全鳳健이여 말해다오.

나의 주主*

나에게도 살아가라 하시는
주님의 말씀은 무성하였던
잡초밭 흔적이고
어둠의 골짜기 모진 바람만
일고 있읍니다
기구하게 살다가 죽어간
내 친구를
기억하소서.

---
* 수록 2.

나*

이름이 있다면
나이가 있다면
나이는 넘어야 하는 山脈들이었고
이름〔筆名〕은
아직 없다.

---
* 수록 3.

북 北녘

아무리 아름다운 자연의
풍경이라 할지라도 나에겐
참담하게 보이곤 했다
어느덧
서른 여덟 해
그녀가 살아 있다면
나처럼 무척 늙었겠지
죽었다면 어떤 곳에 묻히었을까
순진하였던 그녀가
가난하여도 효성이 지극하였던 그녀가

(무제 無題) *

아리랑고개 밑 5번버스를 타러 가고 있다.
나도향
김소월
나운규를 떠올리면서
5번버스로 아리랑고개를 넘어간다
그때엔
황토먼지의 아리랑고개를 넘어간
5번버스로 오늘도

* 수록 1. 1985년 《문학사상》 지에 유고시 특집으로 제목 없이 게재되었던 것이다.

〔무제 無題〕 *

이 세상 모두가 부드럽다면
얼마나 좋을까
오랜만에 사마시는
부드로운 맥주의 거품처럼
高電壓 地帶에서 여러 번 죽었다가
살아나서처럼
누구나 축복받은 사람들처럼

여름이면 누구나 맞고 다닐 수 있는
보슬비처럼
겨울이면 포근한 눈송이처럼

나는 이 세상에
계속해 온 참상들을
보려고 온 사람이 아니다.

───────
* 수록 2. 1985년 《문학사상》 지에 유고시 특집으로 제목 없이 게재되었던 것이다.

아리랑고개

우리나라 영화의 선구자
羅雲奎가 활동사진 만들던 곳
아리랑고개,
지금은 내가 사는 동네
5 번버스 노선에 속한다
오늘도 정처없이
5 번버스로
아리랑고개를 넘어간다
젊은 나이에 죽은
그분을 애도하면서.

1984

1984라는 번호는
꿈 속에서 드리워졌던
온 누리에 드리워졌던
방대한 번호이기도 하고
예수의 번호이기도 하고
태어나는 아기들의 번호이기도 하고
평화 평화 불멸의 평화가
확립 될 대망의 번호이기도 하고
또한 새 빛의 번호이기도 하다
1984.

연인 *

나의 연인은
고지대 빈터
돌축대이다.
나의 연인은 어느 철둑길 연변에
높이 자란
어둠한 잡초밭이다.
나의 연인은 내가 살아가는 날짜들이다.

---

* 수록 2.

한 계곡에서

교황 요한 바오로 2세가 이 땅을 다녀가자
다시금
위대한
미켈란젤로의 남루한 옷 자락이 와 닿는다.
여러 날 단식도 하면서 여러 번 죽음을
걸었던 그의
彫刻 '力作'들과
웅대한
天井畵는 다시금
빛을 나타내이고 있다.

냉철하게 보이는
몇 덩어리 怪岩들과
굴곡이 있는
아름드리 나무 밑둥을 보면서
머저리가 되고 있었다.

죽음을 향하여

또 죽음의 발동이 걸렸다

술 먹으면 죽는다는 지병이 악화 되었다 날짜 가는 줄 모르고 폭주를 계속하다가 중환자실에 幽閉되었다 무시무시한 육신의 고통 속에서 허우적거린다 고통스러워 한시바삐 죽기를 바랄 뿐이다.

희미한 전깃불도 자꾸만 고통스럽게 보이곤
했다

해괴한 팔짜이다 또 죽지 않았다

뭔가 그적거려 보았자 아무 이치도 없는

궂은 날

입원하고 있었읍니다
육신의 고통 견디어 낼 수가 없었읍니다
어제도 죽은 이가 있고
오늘은 딴 병실로 옮아간 네 살짜리가
위태롭다 합니다

곧 연인과 死刑 간곡하였고
살아 있다는 하나님과
간혹
이야기—ㄹ 나누며 걸어가고 싶었읍니다.
그러나 하나님은 저의 한 손을
잡아 주지 않았읍니다.

또 어디였던가

걷고 있다 어느 古宮 담장옆을

옛 고향땅
녹음이 짙어가던 崇實中學과
崇實專門 校庭과
崇義女高 뜨락
장미 꽃포기들의 사이 길을

흰 구름 떠 있던
光成高普
正義女高 담장옆을
酒岩山 그림자가 드리워진
대동강 상류쪽을

또 어디였던가.

음악 *

볼프강 아마데우스 모짜르트의
아름다운 플루트 협주곡이
녹음이 짙어가는
초여름 햇볕 속에
어느 산간 지방에
어느 고원지대에
가난하여도 착하게 사는 이들 사이에
떠 오르고 있다
빛나고 있다
이런 때면 인간에게 불멸의 광명이라는
것이 무엇인가를
조그마치라도 알아 낼 수는 없지만
그저, 상쾌하기만 하다.

* 수록 2.

오늘 *

여러 날 동안 사경을 헤매이다가 살아서 퇴원하였다
나처럼 가난한 이들도 명랑하게 살고 있음을 다시 볼 수 있음도
익어가는 가을 햇볕과
초겨울의 햇볕을 즐길 수 있음도 반갑게 어른거리는
옛 벗들의 모습을 다시 볼 수 있음도
主의 은총이다.

---

* 수록 2.

관악산 능선에서

아무 생각도 안 난다.
지금 내가 風景과 함께
살아 있음을 느낄 뿐 아무
생각도 나지 않는다.

몇 마디 말을 하자면
허황된 꿈일지라도
그래도 살아보겠다는 가난한
불구자 돕기 운동이 펼쳐졌으면 좋겠다.

옛 성현들이 깜짝 놀라
목화송이 같은 미소를 짓도록 말이다.

제 6 부
산문 및 신문기사

피란 때 연도年度 전봉래

나의 다우(茶友) 시인 전봉래(全鳳來)가 죽음의 뚜껑을 열고 우리와 영원한 두절(杜絶)의 세계로 비약해 간 지도 어언 십여 년의 세월이 지나갔다. 잊을 수도 없는 부산 피란 때 스타 다방의 계단! 나는 그의 죽음을 뒤늦게 알고 달려갔을 때의 설레이던 가슴의 고동(鼓動)을 지금도 잊을 수가 없다. 이제 망각된 그의 죽음의 십여 년이 흐른 뒤에 붓을 들고 보니 나는 뭉클해져 오는 가슴을 진정시키기 힘들다.

그는 흔히 있는 시단의 생리와는 맞지 않는, 즉 자기 자신의 생존의 존속을 위해 눈이 뒤집혀 미쳐버리는 그러한 생활자(生活者)가 아니었다. 말하자면 시인을 이마에 명함처럼 달고 다니는 반시적(反詩的) 상인(商人)은 아니었다.

잔잔하게 흐르는 시냇가의 목가(牧歌)와도 같이 정직한 자연의 침묵에 귀를 기울일 줄 알았고, 악의 극치에서 열리는 새로운 미학의 풍경을 그릴 줄 아는 데생을 그는 그의 시에 있어서의 하나의 체격(體格)으로 마련해 이미 소유하고 있었던 것이다.

그가 보들레르의 반항의 미학을 체득하고 발레리의 지적 투시화법(透視畫法) 속에서 시를 비치는 미적 장신술(裝身術)을 지니게 된 것은, 이와 같은 그의 체격과 미적 쾌락의 진미를 아는 정신작용에 그 거점(據點)을 두고 있었던 것이 지금 새삼스럽게도 짐작이 간다.

시와 에고이즘의 이원론이 빚어 놓은 별개의 체취, 그것은 로오랑드 르네빌이 말한 바와도 같이 시인이 아닌 사람에 의해서 기획된 의욕의 불가피한 귀속현상(歸屬現象)이었다면, 우리와 같은 문단현실 속에서 전봉래의 죽음은 오히려 당연했을는지 모른다.

따라서 그의 죽음은 오늘날 우리 시단에 아직도 깊이 뿌리박고 있는 비시적(非詩的)인 시인들의 비인간적인 생리 일반과는 절대 무관한 곳에 위치하는 준벽(峻壁)의 붕괴였으며, 육이오 동란이 지닌바 비극적인 성격의 소산이 아닐 수 없다.

이러한 의미에서 봉래(鳳來)는 원고용지 따위에 쓰는 그러한 유의 시를 쓰는 것이 아니라 가장 고귀하고 가장 최후의 유작(遺作)이라고 일컬을 만한 죽음이라는 작품을 쓴 — 동란 이후 최초이자 최후의 시인이라고 나는 다시 한번 상기하는 것이다.

폭탄에 마구 불타 버리는 현실과 생명을 보고서도 눈을 감고 오히려 다른 에고이즘의 위장을 꾸미기에 바빴던 타기할 만한 시인들을 나는 아직도 역력하게 기억하고 있다. 봉래는 그럴 수는 도저히 없었던 것이다. 그의 일선 종군(從軍)이 그의 마지막을 결의케 했다면 (이유야 보는 사람에 따라서 여러 가지 있을 수 있겠지만) 순전히 그가 지닌 휴머니즘의 바탕과 정통적인 시의 생리의 부하자(負荷者)였다는 데 있었다 할 것이다. 봉래의 죽음이 우리에게 던지는 의의는 실로 이러한 각도에서 우리를 되돌아보게 하고 우리의 생리를 비치는 하나의 거울이 되게 하는 데 있음은 더 말할 나위도 없다.

허나 역시 남은 사람은 슬프고 간 사람의 자리는 비어 허전한 것이 어느새 우리 현실의 법칙이 되어 버렸으니 얼마나 비극적인 현실인가.

오늘도 시인들은 상인처럼 먼지를 쓰고 돌아다니기에 바쁘고 발표한 작품을 읽는 독자 앞에서만 의젓하다. 어디서 배운 버릇일까? 결코 봉래는 이런 유의 시인이 아니었다. 봉래가 시적인 시인이었다는 사실은 오늘도 나로 하여금 그를 잊게 하지 못하는 자물쇠가 되고 있다.

 대포집에서 자기의 옷을 주파(酒婆)에게 벗어 주어 가면서 친구들에게 술을 받아 주던 돌격정신, 그것은 위장과 위장에 쓰여지는 뭇 도구만을 인간보다 더 소중히 여기는 인간들에 대한 커다란 반항이 아니고 무엇이었으랴. 함박눈이 내리는 이 밤에 봉래를 생각하는 나의 회상도 이제 그의 죽음과 더불어 십이 년의 세월이 흘렀고나.

 이만 이 글을 막아 두자.

《현대문학》, 1963. 2.

의미의 백서 白書

멀리 아물거리는 아지랑이, 자라나는 꽃순들, 바람이 일지 않는 봄의 갈앉은 속삭임들, 그러한 자연의 온갖 사상(事象)들은 나의 안막(眼幕)에 와 닿는다. 나는 사진사처럼 그러한 아무도 봐 주지 않는 토막풍경들의 셔터를 눌러서 마구 팔아먹는 요새 시인들의 그릇된 버릇들을 노상 고약하게 생각해 내려오는 터이나, 시단(詩壇)의 헤게모니는 우리들의 경우에 있어서 더욱이 이 고약한 풍속 속에 누적되어 가는 것이니, 이것은 비단 내 혼자만의 탄식은 아닐 것이다.

어쨌든 나는 자연을 모사(模寫)해 버리는 낡은 사진사들의 틈바구니에 끼어서 그래도 시랍시고 몇 줄의 글을 써 왔던 경력을 몹시 부끄럽게 생각하고는 있다뿐이지 그 이상 별 수를 내지 못했으니 또 별 수 없이 이 시작(詩作) 노트에 손을 대게 된 셈이다.

어쨌든 노동의 뒤에 오는 휴식을 찾아 나는 인적 없는 오솔길을 더듬어 걸어가며 유럽에서 건너온 고딕식 건물들이 보이는 수풀 그 속을 재재거리며 넘나드는 이름 모를 산새들의 지저귀는 시간을 거닐면서 나의 마음의 행복과 이미지의 방직(紡織)을 짜 보는 것을 나의 정신의 정리라고 생각하고 그러한 나의 소위(所爲)를 몹시 사랑하고 있다.

발레리는 개아(個我)와 타아(他我)가 제각기 지니는 정신 면의 제현

상을 조절하는 정신의 기능을 정신의 정치학이라는 분야에서 해결지으려고 하지만, 나는 그와 같이 위대한 시인이 아니어서 그런지 개아와 타아가 벗어지고 서로 얽혀져서 혼잡을 이루는 시의 잡답(雜踏) 속에서 언제나 한 발자국 물러서서 나의 시의 경내(境內)에서 나의 이미지의 관조의 시간을 보내기를 더 소중히 여기고 있는 것이 사실이다.

이러한 방향으로 나를 밀어 주는 동기가 나의 정신생리상의 소치라하겠으나, 어쨌든 나는 요란스런 그릇(容器) 속에서 물결처럼 흔들리는 과정에서 내가 닦고 있는 언어에 때가 묻어 버리면 큰일이라고 생각하는 일종의 퓨리턴에 속하는 것이 사실이다. 모처럼 애써서 키운 나의 몇 줄의 언어가 떠들어대는 뭇 시인들과 평가(評家)들 사이에 무자비한 발꿈치에 짓밟혀 먼지를 뒤집어쓰고 있거나, 혹은 다쳐서 숨을 거두고 있거나 하는 춘사(椿事)가 일어난다면 나의 시는 아주 병신이 될 것이 몹시 두려운 것이다.

나는 릴케가 말한 — 새로운 언어개념에 대해서 경건히 머리를 수그리는 기쁨을 오늘에 이르기까지도 잊어버리지는 않고 있다. 그는 말하기를, 새로운 언어란 언어의 도끼가 아직도 들어가 보지 못한 깊은 수림(樹林) 속에서 홀로 숨쉬고 있다고 말했다. 말하자면 함부로 지껄이는 언어들은 대개가 아름다운 정신을 찍어서 불태워 버리는 이른바 언어의 도끼와 같은 수단에 지나지 않으므로 그와 같은 언어 속에는 새로운 말이라는 것이 없다는 게 우리들의 라이너 마리아 릴케의 지론(持論)이다. 여기서 언어의 도끼라고 릴케가 쓰고 있는 릴케의 비유가 도끼와 같은 언어라는 뜻임은 구태여 주석을 붙일 것도 없으리라.

아닌게 아니라 새로운 경지로서의 새로운 시의 언어라는 것이 참새와 같이 지저귀는 언어의 때묻은 집단의 소란 속에는 없을 것이 분명하다. 만약에 있다고 우기는 사람이 있다면 그것은 이미 낡아 버린 언어 속의 시들은 말들을 새로운 것이라고 생각하는 개념상의 착오에서 저질러지는 이외에 그 아무것도 아닐 것이다.

그러기에 릴케는 자기의 사랑하는 클라라 릴케와도 헤어져(물론 로댕의 비서도 집어치우고) 고풍한 성벽(城壁) 속에서 새 움이 트이려는 역사의 소리에 귀를 기울여 가면서 홀로 촛불 밑으로 모여 오는, 아무도 발견해 보지 못하고 또한 맞이해 본 일 없는 언어들과 이야기를 주고 받으며, 때로는 그들을 쓰다듬어 가면서 그의 만년(晩年)을 보냈던 것이다.

어떤 의미에서 시는 사랑의 손길이 오고 가는 아지랑이의 세계처럼 시인의 안막(眼幕)에 내려와 앉는 나비인지도 모르는 것이다.

어쨌든 장미의 가시에 찔리운 것이 도화선이 되어 드디어 죽어 버린 시인 릴케의 지론은 나의 시작상(詩作上)의 좌우명이기도 하다.

나는 위에서 말한 바와 같이 고풍한 고딕식 건물들이 수풀 사이로 띄엄띄엄 바라다보이는 언덕 길에서 교회의 종소리가 나의 이미지의 파장(波長)을 쳐 오면 거기서 노니는 어린 것들과 그들이 재잘거리는 세계에 꽃씨를 뿌리는 원정(園丁)과도 같이 무엇인가 꿈꾸어 보는 것이다. 그 꿈 위에 내가 놓아 주는 한 떨기의 꽃다발 '의미의 세계' 그것이 나에게 있어서 버릴 수 없는 시의 세계임을 나는 이러한 기회에 고백하고자 함에 있어 조금도 주저하고 싶지는 않다.

봄이 오고 하늘을 나는 새들이 나에게 자유를 자랑한다는 것은 나에게 시의 세계의 문을 두드리라는 경고인 셈이다. 봄이 이와 같이 나의 시작(詩作)의 태만에 경고를 주는 계절이라면 겨울의 설경(雪景)은 나에게 아라비안 나이트의 야화(夜話)와 동심을 운수(運輸)해 주는 산타

클로스 할아버지인지도 모른다. 우거진 수풀의 여름을 돌아서 가을에 직면하면 나는 나의 세월에 주름이 잡히는 낙조의 세계 '시네 포엠'의 기록을 읽으면서 우수에 잠기는 것이다. 나의 시는 이와 같이 춘하추동 사절(四節)을 한결같이 나의 의미의 궤도를 한 발자국도 벗어남이 없이 걸어가며 일종의 불가항력성을 어쩔 수 없이 지니고 있는 것이다.

피어나는 꽃은 이윽고 지리니 우리 무엇을 또 이야기하랴. 나는, 그러한 유(流)의 무상(無常)이나 반유럽적인 허무와는 관계없이 나의 유(流)의 의미를 사랑하면서 그것을 원정처럼 가꾸며 정신의 자외선을 그것들에게 비춰 주면서 죽는 날까지 이 작업을 계속하겠다는 것이 말하자면 나의 신조라 하겠다.

만유애(萬有愛)와도 절연된 나의 의미의 백서 위에 노니는 이미지의 어린이들, 환상의 영토에 자라나는 식물들, 그것은 나의 귀중한 시의 소재들이다.

《한국전후문제시집》, 신구문화사, 1964.

이 공백을

무슨 얘길 써야 할지 생각이 잘 나가지 않는다. 다섯 매라는 공백을 메워야겠고 쓰고 싶지 않은 몇 마디를 두서 없이 적어 보겠다.
살아가노라면 어디서나 굴욕 따위를 맛볼 때가 있다. 그런 날이면 되건 안 되건 무엇인가 그적거리고 싶었다. 무엇인가 장난 삼아 그적거리고 싶다. 한동안 일과 빚에 쫓기다가 단 하루라도 휴식이 얻어진다면 죽음에서 소생하는 찰나와 같은 맑은 공기가 주위를 감돌았다. 혈연(血緣)처럼 신선한 바람이 뺨을 치는 상쾌한 기분이었다. 기독인이면 기도할 마음이 생기듯이 나 역시 되건 안 되건 무엇인가 천천히 그적거리고 싶었다. 나의 좁은 창고(倉庫) 속에서 끄집어내는 몇 줄의 메모를 나열해 보는 것이다.
거지같이 피로했던 지난 몇 달, 몇 주 동안의 자신을 정리해 보는 셈이다. 기계처럼 자신을 재정비해 보자는 것이다. 이런 식의 연장(延長)은 끈덕진 나의 짧은 기간을 유지해 갈 것이다.
이 공백을 마저 채워 보려고 생각하다 잠에 떨어졌다.

꿈이었다.
해안을 지나던 반짝이는 최신형의 세이버가 추락하였다. 깜짝 놀랐다. 무수한 물거품과 화염이 산더미처럼 몇 번이고 솟구쳤다. 조종사는 불붙은 낙하산으로 직하(直下)했다. 불붙은 그의 잔등을 꺼 주었다. 젊은 조종사는 내 손을 꼬옥 쥔 채 죽어 갔다. 그런데 앞으론 무엇을 더 써야 할 것인가?

《52인 시집》, 1967.

먼 '시인의 영역'

"예수는 어떻게 살아갔으며 / 어떻게 죽었을까 / 죽을 때엔 뭐라고 하였을까 // 흘러가는 요단의 물결과 / 하늘나라가 그의 고향이었을까 철따라 / 옮아다니는 고운 소릴 내릴 줄 아는 / 새들이었을까 / 저물어 가는 잔잔한 물결이었을까" ― 〈고향〉 전문

앞에 내놓은 〈고향〉이란 글은 죽은 파운드랄까, 포레의 〈레퀴엠〉에서 얻은 넋두리이다. 나는 결코 신의 존재를 믿지 못하는 터이지만 그러나 예수에 대한 궁금증과 관심을 억누를 수는 없다. 내가 무신론자인만치 신의 아들로서의 예수가 아니라 선량하고 고민하는 한 인간으로서의 예수를 생각해 보고 싶었던 것이다. 그러나 나처럼 선량하지 못한 자가 선량의 극(極)에 이르렀던 예수를 생각해 보려던 것이 잘못이었을까. 역시 〈고향〉도 나의 다른 스케치들이 그렇듯이 미완성 스케치로 끝나 버린 느낌이다. 송구스럽다.

내가 지금까지 소위 '시작(詩作)'이란 것을 해 오면서 지니고 있는 한 가지 변함 없는 소신은 "시란 그것을 보는 편에서 쉽게 씌어진 듯이 쉽게 읽힐 수 있는 것이라야 한다"는 것이다. 나는 시론(詩論)이란 것

을 못 쓴다. 써 봤자 객설(客說)이 되기 십상일 테니까. 또 나는 시인이라고 자처해 본 적이 한번도 없다. 굳이 꼬집어 말한다면 시론 나부랑이를 중얼댈 형편이 못 되는 '엉터리 시인'이라고나 할까. 스스로 반성할진대 '시인의 영역(領域)'에 도달하기엔 터무니없는 인간인 때문인지도 모른다.

시란 무엇인가? 나는 이 어려운 문제에 답하기보다 내가 시를 쓰는 모티브를 말하고자 한다. 나는 살아가다가 '불쾌'해지거나 '노여움'을 느낄 때 바로 시를 쓰고 싶어진다. 시를 일단 쓰기 시작하면 어휘 선택에서 지독하게 신경을 쓰며 골머리를 앓지만, 써 놓고 난 뒤엔 역시 '작품'이니 '시'니 할 만하지가 못하기 십상이다. 그래서 나는 한 '편' 두 '편' 하고 따지지를 못한다. 쓰고 난 뒤엔 한낱 '물건'으로 타락해 버리기 때문이다.

그래서 나는 내가 쓴 것들을 한 '개' 두 '개'라고 셈할 수밖에 없다. 내 처녀작(?)이라 할 수 있는 것을 써 내놓은 것은 육이오 직전, 내가 서른을 갓 넘었을 때 쓴 것으로 〈돌각담〉이 있다. 지금까지 쓴 일백여 개 가운데서 이 〈돌각담〉, 〈앙포르멜〉, 〈드빗시 산장부근〉 등 서너 개 정도가 고작 내 마음에 찼다고 할 수 있을까?

내가 시작(詩作)에 임할 때 뮤즈 구실을 해주는 네 요소가 있다.
명곡 〈목신의 오후〉의 작사자인 스테판 말라르메의 준엄한 채찍질, 화가 반 고흐의 광란 어린 열정, 불란서의 건달 장 폴 사르트르의 풍자와 아이러니컬한 요설(饒舌), 프랑스 악단의 세자르 프랑크의 고전적 체취—이들이 곧 나를 도취시키고, 고무하고, 채찍질하고, 시를 사랑하게 하고, 쓰게 하는 힘이다.

스테판 말라르메가 그러했듯이 시는 소박하고, 더부룩해야 하고, 또 무엇보다도 거짓말이 끼어 들지 않아야겠다. 그러나 나 자신은 참말 거짓말을 갖지 않고 있는가? 아니다. 나 자신도 거짓에 잠겨 있고 그 거짓에 사로잡혀 고역을 치르고 있다. 때문에 내가 쓴 시가 참으로 시의 경지에 이르질 못하는 것이 아니겠는가. 시인들의 참 자세는 남대문시장에서 포목장사를 하며라도 거짓부렁 없이 물건을 팔 수 있어야 된다고 믿는다. 그러나 ···.

공연히 시인을 자처하는 자들이 영탄조의 노래를 읊조리거나, 자기 과장의 목소리로 수다를 떠는 것을 보면 메슥메슥해서 견디기 어렵다. 시가 영탄이나 허영의 소리여서는, 또 자기합리화의 수단이어서는 안 된다고 믿는다.

이미 내 나이 쉰셋. 시는 쉽사리 잡히지 않고. '시인의 영역'은 아주 먼 곳에, 결코 도달할 수 없이 먼 곳에 있다는 느낌뿐이다. ···

《문학사상》, 1973. 3.

피란길 *

그때 나의 뇌리와 고막 속에선 바흐의 〈마태 受難〉과 〈파사칼리아 遁走曲〉이 굉음처럼 스파크되고 있었다.

걷고 걷던 7월 초순경, 지칠 대로 지친 끝에 나는 어떤 밭이랑에 쓰러지고 말았다. 살고 싶지가 않았다. 얼마나 지났던 것일까, 다시 깨어났을 때는 주위가 캄캄한 심야(深夜)였다. 그러면서 생각한 것이 〈돌각담〉이었다.

전봉건(全鳳健)과 이승훈(李昇勳)이 《현대시학》(1973년 4월호)에서 졸시(拙詩) 〈돌각담〉에 대해서 대담한 몇 마디를 이곳에 인용한다.

"이 작품의 현장을 전쟁 속에 두면 작자가 제시하고 있는 경험이 무엇인가 자명해지는 것입니다. 그 죽음과 절망과 막막한 어둠의 경험입니다. 그리고 그 어둠과 절망과 죽음 바로 그 속이었기에 할 수 있었던 사랑이랄까 연민의 정이랄까 할 것의 발견과 확인의 경험입니다."

내 형은 현역 육군 중령이었으며 육이오가 발발하던 다음날 헤어진 뒤로는 소식이 끊어졌다. 반동 가족들은 모조리 참살한다는 소문을 들

---

* 이 산문 글은 시 〈허공〉(《문학사상》, 1975. 7)에 덧붙여 실렸던 것이다.

으면서 수원에서 조치원, 그곳에서 다시 남쪽을 향하여 노숙을 하며 걸었다.

나의 양친이 피란을 못 떠나고 서울에 남아 있었던 것이다.

"환난의 날에 나를 부르라, 내가 너를 건지리니"라는 그리스도의 말도 무색하였다.

나는 그 뒤부터 못 먹던 술을 먹게 되었다. 무료할 때면 시작(詩作)이랍시고 끄적거리는 버릇을 가지게 되었다.

《문학사상》, 1975. 7.

신문기사 1

　김종삼 씨는 작품 〈民間人〉 등으로 현대시학사의 제2회 '작품상'을 타게 되었다.
　심사를 맡았던 박남수(朴南秀), 조병화(趙炳華), 박태진(朴泰鎭) 씨 등은 "작품 〈本籍地〉 이후로 그의 작품의 결함이기도 했던 단편성(斷片性)이 어느 정도 가셨고, 표현은 더 순화되었다. 이번 작품 〈民間人〉, 〈67년 1월〉, 〈연인의 마을〉 등은 그 길이에 비해 벅찬 체험을 지적으로 감칠맛있게 잘 처리했다"고 하면서 "자신의 길에 열중하는 시인"이라고 말했다.
　다음은 김종삼 시인의 수상소감의 일부이다.
　"나 같은 무질서한 사고(思考)의 사나이에게 상을 준다니 분에 넘칩니다. 난 소학교 때부터 낙제하기가 일쑤였죠. 중학에 가서도 마찬가지, 내 평생의 절반이 그랬습니다. 세자르 프랑크와 에즈라 파운드를 경외(敬畏)하면서 아름드리 큰 나무들을 찍고 싶었는데…."

―《조선일보》, 1971. 8. 22.

▪신문기사 2

　김종삼 씨는 육이오 당시 피란지 대구에서 시를 쓰기 시작(1950), 지금까지 백여 편을 내놓았다. '모든 예술은 음악의 상태를 동경한다'는 말을 김 씨처럼 실천한 시인도 드물다고 할 만큼 그는 '고도의 비약에 의한 어구의 연결과 시어(詩語)가 울리는 음향의 효과를 살린 순수시'를 써 왔고, '음악의 경지를 추구하는 시작(詩作) 태도를 변함없이 보이고 있는 시인'이다.
　김 씨의 흩어진 시들을 모으고 육십여 편의 시들로 묶은 이번 시집(《북치는 소년》)에서 〈김종삼의 시세계〉를 해설한 황동규(黃東奎) 씨는 그를 "한국 현대시단에서 가장 훌륭한 시인 중의 한 사람"으로 서슴없이 평가한다.
　한때 국방부 정훈국 방송실의 상임연출자로 근무했고, 3년 전까지 어느 방송국 제작부에서 일하기도 했던 그는 지금 그저 "집을 나와 어슬렁어슬렁 거리를 거닐고 친구들을 만나 노닥거리다가, 술 마시며 정 따분하면 시라는 것을 팽개치듯 써 갈긴다". "시라는 건 우선 인간이 돼야 좋은 게 나오는데, 나는 인간이 돼먹지 못해 내 시는 대체로 우거지다." "나는 시에 대해 별로 진지하게 생각하지 않고 애착도 느끼지 않는다. 다만 창피 안 당할 정도로 써 갈길 뿐이다." "술 안 마시면 몸이야 말을 잘 듣지만, 술을 마시게 되면 폭음을 하니 … ."

그에게는 생활의 방도도 없고, 서울 종로구 옥인동에 있는 무허가 집이 곧 헐린다는 사실을 염두에 두지도 않는지, 오늘도 천이백 원짜리 등산모를 쓰고 광화문 주변을 어슬렁거리며 시를 '써 갈긴다'.

—《조선일보》, 1979. 5. 15.

신문기사 ③

"올페는 죽을 때 / 나의 직업은 시라고 하였다 / 後世 사람들이 만든 얘기다. // 나는 죽어서도 / 나의 직업은 시가 못된다 / 宇宙服처럼 月谷에 둥둥 떠 있다 / 귀환 時刻 未定"(〈올페〉全文)

자작시 〈올페〉에서처럼 죽어서라도 시인은 "못 된다"고 미리 못을 박는 글을 남기는 시인 김종삼(金宗三) 씨.

자신은 그렇듯 고집하나 그의 글을 읽어 온 사람들은 그를 일컬어 '아직 우리 주위에 남아 있는 절대적 로맨티시스트이며, 한국 현대시단에서 가장 훌륭한 시인 중의 한 사람'이라고 서리낌없이 고백한다. 내문에 최초 출판된 시집 《북치는 소년》도 그의 작업을 안타까이 바라본 후배 시인이 글을 모으고 출판사와 연락을 맡는 등 잔일을 도맡아서 겨우 완성을 보게 된 것이다.

서울 광화문 네거리 뒤쪽 한 다방에 이십 년을 한결같이 찾아주는 손님인 그와 마주앉아 두서너마디 설명을 하던 기자는 "그냥 돌아가라"는 말을 듣고서도 두 시간을 버틴 끝에 몇마디 대화를 나눌 수 있었다.

— 고향이 어디인가요.

황해도 은율(殷栗)에서 돼지새끼 나듯 태어나 자랐지요.

— 돼지새끼 같다는 건 귀엽다는 뜻인가요.

돼지새끼가 귀엽기는 하지만 이내 버려지듯 방치되고 그 뒤엔 억척스럽게 먹어대기만 하면 그만 아닙니까.

— 그러면 교육을 어디까지 받았나요.

미션 계통인 광성고보(光成高普)를 다녔고, 일본에 건너가 동경문학학원(東京文學學院)엘 다닌다고 했지만 실은 세계문학전집밖에 읽고 온 것이 없죠.

— "어린 날의 추억에 차 있는 시가 많다"고 평론가들이 말하는데.

사실 그래요. 선교사가 살던 지붕이 뾰족한 벽돌집이나 내가 너무 좋아한 스티븐 포스터의 가락들이 그대로 드러나죠. 포스터의 노래는 작사는 조금 유치하지만 곡은 참으로 좋지 않아요? 나는 지금도 우주선(宇宙船) 제조본부인 휴스턴보다도 위대해 보입니다.

— 처음에 시는 왜 쓰게 되었나요.

포스터의 노래를 듣고 짙은 감상에 빠져든 때가 아마 사춘기였던가 봐요. 처음의 시작(試作, 그는 굳이 이렇게 표기해 줄 것을 당부했다) 혹은 습작은 가당찮은 요구만 하는 아버지 밑에서 노예처럼 일하는 어머니의 불쌍함, 그러니 학교도 의미가 없고 집은 더욱 싫고 하던 울분을 내 속에서 삭여내느라 글을 썼던 것 같아요. 물론 공식적인 추천을 위해 쓴 일도 있습니다만 꽃이나 이슬의 얘기가 아니라 해서 무시되었죠. 한참 나이 때인 1952년의 일입니다.

— 포스터의 노래와 시는 어떤 관련이 있습니까.

이상해요. 아니, 내게는 당연한 일인 것 같지만 음악을 들을 때에야

비로소 생각을 할 수 있게 돼요. 덧붙여 설명하자면 그립다거나 슬프다거나 운다든가 하는 감정의 소용돌이에서 완전히 떠나는 평정에 다다를 수 있다는 말이죠. 실연을 당했으니 가슴이 터지는 듯 슬프다. 오! 하는 정신적인 희열의 상태에서 글을 써야 시가 된다는 생각은 아주 엉터리가 하는 생각입니다.

― 음악은 어떤 유를 좋아하고, 대개 어디서 듣나요. 집에서인가요.
허, 모르는 말씀. 얼마 전까지 살던 종로구 옥인동(玉仁洞)의 판잣집이 헐려서 정릉 산꼭대기에 셋방을 살고 있는데 무슨 재주로 집에서 음악을 들어요? 몇 해 전에는 모 방송국 제작부에서 일한 덕분에 충분히 들을 수 있었지만⋯. 나는 모짜르트와 바흐를, 그리고 드뷔시와 구스타프 말러의 곡을 좋아해요. 음악이 없으면 그나마 글 한 줄도 못썼을 겁니다. 요즘은 다방이나 버스나 옆방에서 계속 꿍꽝거리는 치사스러운 노랫소리에 귀가 멀고 싶을 지경입니다.

― 요즘은 어떻게 지내고, 앞으로는 어떤 글을 쓰고자 합니까.
글은 정말로 잘 쓸 자신이 없고 쓰고 싶은 욕심을 못 가집니다. 더구나 요즘은 음악도 들을 수 없으니⋯. 가끔 친구들이 맡기는 일본어 번역일로 용돈을 좀 만들면 같은 또래 친구들과 어울려 슬슬 등산하는 것이 고작이지요. 맑은 바람 쐬러갔다가 도리어 청년들이나 아줌마들 노는 모습에 기분이 상하기 일쑤이지만. 어떻게 살아오는지도 모르는 동안 이럭저럭 써온 글들이 모아진 걸 보면 내겐 과분하다는 생각이 들어요.

―《일간 스포츠》, 1979. 9. 27.

∴신문기사 ④

　김종삼 씨의 시집 속에서는 음악의 공기를 품은 시작품을 자주 만날 수 있다. 이 달에 발표된 그의 시 〈연주회〉, 〈난해한 음악들〉 등도 음악의 분위기를 담고 있는 작품들이다.
　"음악은 사실 화려한 것이 아니에요. 나의 시에서 자주 음악이 나온다면 그것은 음악이 가지고 있는 화려하지 않은 분위기와 종교적이라 할 만한 정화력(淨化力) 때문이겠지요. 다른 인생들도 그렇겠지만, 특히 나처럼 덕지덕지 살아온 인생으로서는 음악에서 감정을 정화시킬 수가 있지요. 나같이 어지럽게 사는 사람에겐 음악은 지상(地上)의 양식(糧食) 같은 거지요."
　그러나 그는 "음악이라고 다 좋은 것은 아니다"라고 말한다. 젊었을 때는 낭만주의 작품을 즐겨 들은 편이었지만, 지금은 고전주의 작품과 실내악에만 집착하고 있다. 낭만성이 전혀 배어 있지 않은 고전파 악곡만을 택해서 듣고 있다.
　"나의 시에 대해선 항상 회의를 느껴요. 이제까지 작품다운 작품을 한 번도 써 본 적이 없기 때문이에요. 내가 쓴 시에 대해서 단 한 번도 자신을 가져 본 일이 없어요. 자기가 쓴 시를 아끼고 사랑해야 하는 것인데, 난 나의 시를 한 번도 아끼거나 사랑하질 못했지요."
　그는 문예지에서 작품다운 작품을 쓴 시인을 간혹 만나기도 한다.

그런 시작품을 만나면 그 작품을 쓴 사람을 부럽게 여기곤 한다. 앞으로 "시다운 시를 쓰고 싶어 애쓰겠지만 그런 시가 나올 수 있을지 역시 자신이 없다"고 말한다.

"한 번도 시에 대해 자신을 갖지 못하면서도 시를 쓰고 시집도 두어 권 엮어보고 하는 것은 순전히 내 생활 탓이지요. 그저 사는 것이 따분하고 지리해질 때 흐리고 탁한 '뜨물 같은 시'나 써 보곤 하는 것, 그뿐입니다."

그는 우리나라의 많은 시인들이 도저히 양립시킬 수 없는 두 가지 일을 양립시키려는 '어리석음'을 저지르고 있다고 생각한다. '생활도 윤택해야 한다', '시도 좋아야 한다'는 두 가지 문제를 함께 해결해 가지려는 시인들을 그는 '어리석은 무리'라고 생각한다. '생활의 윤택'과 '시의 광채(光彩)'는 서로 양립될 수 없는 상극(相剋)의 존재이기 때문에, 두 가지 중에서 한 가지만 취해야 한다고 믿고 있다.

김종삼 씨는 얼마 전에 작고한 시인 김종문(金宗文) 씨의 동생으로, 그의 형의 주지적(主知的) 경향의 시작품과는 대조를 이루는 작품관을 지니고 있다.

—《한국일보》, 1981. 1. 23.

작품 연보

(가나다순)

- 가을,《시인학교》, 신현실사, 1977.
- 가을 피크닉,《누군가 나에게 물었다》, 민음사, 1982
- 간이 교회당이 있는 동네,《누군가 나에게 물었다》, 민음사, 1982.
- 개똥이,《전시한국문학선》, 국방부 정훈국, 1955.
- 個體,《월간문학》, 1971. 5.
- 검은 門,《문예중앙》, 1982년 여름호.
- 고장난 機體,《현대시학》, 1971. 9.
- 고향,《시인학교》, 신현실사, 1977.
- 관악산 능선에서, 미상.
- 궂은 날, 미상.
- 꿈속의 나라,《시인학교》, 신현실사, 1977.
- 꿈속의 향기,《평화롭게》, 고려원, 1984.
- 꿈의 나라,《문학사상》, 1984. 3.
- 꿈이었던가,《누군가 나에게 물었다》, 민음사, 1982.
- 그날이 오며는,《시문학》, 1980. 1.
- 그라나드의 밤,《누군가 나에게 물었다》, 민음사, 1982.
- 그럭저럭,《문학사상》, 1980. 5.
- 그리운 안니・로・리,《전쟁과 음악과 희망과》, 자유세계사, 1957.
- 極刑,《평화롭게》, 고려원, 1984.

- 글짓기, 《누군가 나에게 물었다》, 민음사, 1982.
- 기동차가 다니던 철뚝길, 《시인학교》, 신현실사, 1977.
- 記事, 《한국문학》, 1984. 6.
- 길, 《평화롭게》, 고려원, 1984.
- 나, 《자유공론》, 1966. 7.(수록 1)
- 나, 《심상》, 1980. 5.(수록 2)
- 나, 《문학사상》, 1985. 3.(유고시, 수록 3)
- 나의 本, 《문학춘추》, 1964. 12.
- 나의 本籍, 《본적지》, 성문각, 1968.
- 나의 主, 《문학사상》, 1982. 10.(수록 1)
- 나의 主, 《평화롭게》, 고려원, 1984.(수록 2)
- 난해한 음악들, 《누군가 나에게 물었다》, 민음사, 1982.
- 내가 재벌이라면, 《누군가 나에게 물었다》, 민음사, 1982.
- 내가 죽던 날, 《누군가 나에게 물었다》, 민음사, 1982.
- 내일은 꼭, 《시문학》, 1977. 2.
- 누군가 나에게 물었다, 《누군가 나에게 물었다》, 민음사, 1982.
- 다리 밑, 《자유문학》, 1959. 1.
- 달구지 길, 《조선일보》, 1967. 10. 1.
- 달 뜰 때까지, 《문학과 지성》, 1974년 겨울호.
- 對話, 《시인학교》, 신현실사, 1977.
- 돌각담, 《전쟁과 음악과 희망과》, 자유세계사, 1957.(수록 1)
- 돌각담, 《한국전후문제시집》, 신구문화사, 1964.(수록 2)

- 동산, 《평화롭게》, 고려원, 1984.
- 童詩, 《한국시선》, 한국신시60년기념사업회, 1968. 10.
- 동트는 地平線, 《시인학교》, 신현실사, 1977.
- 두꺼비의 轢死, 《시인학교》, 신현실사, 1977.
- 遁走曲, 《한국전후문제시집》, 신구문화사, 1964.
- 드빗시, 《신풍토》, 1959.
- 드빗시 山莊, 《십이음계》, 삼애사, 1969.
- 登山客, 《평화롭게》, 고려원, 1984.
- 따뜻한 곳, 《누군가 나에게 물었다》, 민음사, 1982.
- 또 어디였던가, 미상.
- 또 한번 날자꾸나, 《누군가 나에게 물었다》, 민음사, 1982.
- 라산스카, 《신동아》, 1963. 10.(수록 1)
- 라산스카, 《본적지》, 성문각, 1968.(수록 2)
- 라산스카, 《누군가 나에게 물었다》, 민음사, 1982.(수록 3)
- 라산스카, 《문학사상》, 1983. 7.(수록 4)
- 라산스카, 《평화롭게》, 고려원, 1984.(수록 5)
- 라산스카, 《평화롭게》, 고려원, 1984.(수록 6)
- 마음의 울타리, 《한국전후문제시집》, 신구문화사, 1964.
- 맙소사, 《문학과 지성》, 1980년 여름호.
- 먼 '시인의 영역'(산문), 《문학사상》, 1973. 3.
- 몇 해 전에, 《십이음계》, 삼애사, 1969.
- 무슨 요일일까, 《본적지》, 성문각, 1968.

- (無題),《문학사상》, 1985. 3.(유고시, 수록 1)
- (無題),《문학사상》, 1985. 3.(유고시, 수록 2)
- 墨畵,《십이음계》, 삼애사, 1969.
- 文章修業,《십이음계》, 삼애사, 1969.
- 문짝,《한국전후문제시집》, 신구문화사, 1964.
- 물桶,《본적지》, 성문각, 1968.
- 미사에 參席한 李仲燮氏,《본적지》, 성문각, 1968.
- 미켈란젤로의 한낮,《시인학교》, 신현실사, 1977.
- 民間人,《시인학교》, 신현실사, 1977.
- 바다,《시인학교》, 신현실사, 1977.
- 받기 어려운 선물처럼,《전쟁과 음악과 희망과》, 자유세계사, 1957.
- 발자국,《시문학》, 1976. 5.
- 배,《자유공론》, 1966. 7.
- 背音,《본적지》, 성문각, 1968.
- 백발의 에즈라 파운드,《평화롭게》, 고려원, 1984.
- 베들레헴,《한국문학전집》, 민중서관.
- 베루가마스크,《신풍토》, 1959.
- 베르카·마스크,《전시한국문학선》, 국방부 정훈국, 1955.
- 벼랑바위,《평화롭게》, 고려원, 1984.
- 復活節,《한국전후문제시집》, 신구문화사, 1964.
- 北녘,《문학사상》, 1985. 3.(유고시 특집)
- 북치는 소년,《십이음계》, 삼애사, 1969.

- 불개미,《시와 의식》, 1975. 9.
- 不朽의 戀人,《심상》, 1981. 1.
- 非詩,《평화롭게》, 고려원, 1984.
- 비옷을 빌어 입고,《십이음계》, 삼애사, 1969.
- 빛깔 깊은 꽃 피어있는 시절에 대한 이야기,《조선일보》, 1957. 5. 15.
- 뾰죽집,《십이음계》, 삼애사, 1969.
- 사람들,《시문학》, 1978. 10.
- 死別,《현대문학》, 1984. 11.
- 山,《시문학》, 1975. 4.(수록 1)
- 산,《북치는 소년》, 민음사, 1979.(수록 2)
- 새,《누군가 나에게 물었다》, 민음사, 1982.
- 새벽,《누군가 나에게 물었다》, 민음사, 1982.
- 生日,《본적지》, 성문각, 1968.
- 샤이안,《시인학교》, 신현실사, 1977.
- 샹뼁,《십이음계》, 삼애사, 1969.(수록 1)
- 샹펭,《누군가 나에게 물었다》, 민음사, 1982.(수록 2)
- 西部의 여인,《시인학교》, 신현실사, 1977.
- 序詩,《북치는 소년》, 민음사, 1979.
- 夕間,《신군상》, 1958. 12.
- 聖堂,《현대문학》, 1981. 8.
- 聖河,《시인학교》, 신현실사, 1977.
- 소공동 지하 상가,《누군가 나에게 물었다》, 민음사, 1982.

- 소금 바다,《누군가 나에게 물었다》, 민음사, 1982.
- 소리,《십이음계》, 삼애사, 1969.(수록 1)
- 소리,《평화롭게》, 고려원, 1984.(수록 2)
- 술래잡기,《십이음계》, 삼애사, 1969.
- 스와니江,《시인학교》, 신현실사, 1977.
- 스와니江이랑 요단江이랑,《십이음계》, 삼애사, 1969
- 試寫會,《자유문학》, 1958. 4.
- 詩人學校,《시인학교》, 신현실사, 1977.
- 詩作 노우트,《북치는 소년》, 민음사, 1979.
- 屍體室,《십이음계》, 삼애사, 1969.
- 實記,《누군가 나에게 물었다》, 민음사, 1982.(수록 1)
- 實記,《월간 문학》, 1984. 9.(수록 2)
- 實錄,《문학과지성》, 1977년 봄호.
- 深夜,《학원》, 1984. 5.
- 十二音階의 層層臺,《한국전후문제시집》, 신구문화사, 1964.
- 쎄잘·프랑크의 音,《지성계》, 1964. 7.
- 쑥내음 속의 童話,《지성》, 1958. 9.
- 아데라이데,《누군가 나에게 물었다》, 민음사, 1982.
- 아뜨리에 幻想,《십이음계》, 삼애사, 1969.
- 아리랑 고개,《문학사상》, 1985. 3.(유고시 특집)
- 아우슈뷔츠·I,《본적지》, 성문각, 1968.
- 아우슈뷔츠·II,《십이음계》, 삼애사, 1969.

- 아유슈뷔츠 라게르, 《한국문학》, 1977. 1.
- 아침, 《누군가 나에게 물었다》, 민음사, 1982.
- 앙포르멜, 《십이음계》, 삼애사, 1969.
- 앞날을 향하여, 《북치는 소년》, 민음사, 1979.
- 앤니로리, 《누군가 나에게 물었다》, 민음사, 1982.
- 어둠 속에서 온 소리, 《한국전후문제시집》, 신구문화사, 1964.
- 어디메 있을 너, 《전쟁과 음악과 희망과》, 자유세계사, 1957.
- 어머니, 《평화롭게》, 고려원, 1984.
- 漁夫, 《시인학교》, 신현실사, 1977.
- 엄마, 《현대시학》, 1971. 9.
- 여름성경학교, 《누군가 나에게 물었다》, 민음사, 1982.
- 女囚, 《누군가 나에게 물었다》, 민음사, 1982.
- 여인, 《한국전후문제시집》, 신구문화사, 1964.
- 戀人, 《현대시학》, 1975. 2. (수록 1)
- 연인, 《현대문학》, 1984. 7. (수록 2)
- 연인의 마을, 《누군가 나에게 물었다》, 민음사, 1982.
- 연주회, 《누군가 나에게 물었다》, 민음사, 1982.
- 오늘, 《학원》, 1984. 5. (수록 1)
- 오늘, 미발표. (수록 2)
- 오동나무가 많은 부락입니다, 《신세계》, 1956. 10.
- 五月의 토끼똥·꽃, 《한국전후문제시집》, 신구문화사, 1964.
- 五학년 一반, 《현대시학》, 1966. 7.

- 올페,《시와 의식》, 1975. 9.(수록 1)
- 올페,《시인학교》, 신현실사, 1977.(수록 2)
- 올페의 유니폼,《한국전후문제시집》, 신구문화사, 1964.
- 往十里,《십이음계》, 삼애사, 1969.
- 外出,《누군가 나에게 물었다》, 민음사, 1982.
- 운동장,《누군가 나에게 물었다》, 민음사, 1982.
- 園頭幕,《한국전후문제시집》, 신구문화사, 1964.
- 原色,《자유문학》, 1959. 12.
- 園丁,《전쟁과 음악과 희망과》, 자유세계사, 1957.(수록 1)
- 園丁,《조선일보》, 1975. 6. 4.(수록 2)
- 留聲機,《현대시학》, 1974. 3.
- 六七年 一月,《누군가 나에게 물었다》, 민음사, 1982.
- 音樂,《본적지》, 성문각, 1968.(수록 1)
- 음악, 미상.(수록 2)
- 音域,《누군가 나에게 물었다》, 민음사, 1982.
- 擬音의 傳統,《자유문학》, 1957. 9.
- 意味의 白書(산문),《한국전후문제시집》, 신구문화사, 1964.
- 이 空白을(산문),《52인 시집》, 1967.
- 이산가족,《학원》, 1984. 5.
- 이 짧은 이야기,《한국전후문제시집》, 신구문화사, 1964.
- 장님,《문예중앙》, 1982년 여름호.
- 掌篇,《심상》, 1976. 5.(수록 1)

- 掌篇,《심상》, 1977. 1.(수록 2)
- 掌篇,《누군가 나에게 물었다》, 민음사, 1982.(수록 3)
- 掌篇,《누군가 나에게 물었다》, 민음사, 1982.(수록 4)
- 掌篇, 미상.(수록 5)
- 掌篇·1,《시인학교》, 신현실사, 1977.
- 掌篇·2,《시인학교》, 신현실사, 1977.
- 掌篇·3,《시인학교》, 신현실사, 1977.
- 掌篇·4,《시인학교》, 신현실사, 1977.
- 잿더미가 있던 마을,《십이음계》, 삼애사, 1969.
- 全鳳來,《전쟁과 음악과 희망과》, 자유세계사, 1957.
- 前程,《신동아》, 1982. 4.(수록 1)
- 前程,《문학사상》, 1984. 11.(수록 2)
- 前奏曲,《현대문학》, 1961. 7.
- 全昌根 선생님,《문예중앙》, 1982년 여름호.
- 制作,《누군가 나에게 물었다》, 민음사, 1982.
- 종 달린 자전거,《문학예술》, 1957. 5.
- 주름 간 大理石,《한국전후문제시집》, 신구문화사, 1964.
- 죽음을 향하여, 미상.
- 地,《누군가 나에게 물었다》, 민음사, 1982.
- 地帶,《현대시학》, 1966. 7.
- G·마이나,《전쟁과 음악과 희망과》, 자유세계사, 1957.
- 1984,《동아일보》, 1984.

- 첼로의 PABLO CASALS,《현대시학》, 1973. 9.
- 最後의 音樂,《누군가 나에게 물었다》, 민음사, 1982.
- 追加의 그림자,《조선일보》, 1958. 6. 13.
- 추모합니다,《누군가 나에게 물었다》, 민음사, 1982.
- 鬪病記,《문학과 지성》, 1974년 겨울호.(수록 1)
- 鬪病記,《현대문학》, 1975. 1.(수록 2)
- 鬪病記,《누군가 나에게 물었다》, 민음사, 1982.(수록 3)
- 트럼펫,《시문학》, 1973. 7.
- 破片,《시인학교》, 신현실사, 1977.
- 평범한 이야기,《신동아》, 1977. 2.
- 平和,《십이음계》, 삼애사, 1969.
- 평화롭게,《누군가 나에게 물었다》, 민음사, 1982.
- 풍경,《누군가 나에게 물었다》, 민음사, 1982.
- 피란길(산문),《문학사상》, 1975. 7.
- 피란 때 연도 전봉래(산문),《현대문학》, 1963. 2.
- 피카소의 落書,《시인학교》, 신현실사, 1977.
- 한 계곡에서,《한국일보》(연도 미상).
- 한 골짜기에서,《누군가 나에게 물었다》, 민음사, 1982.
- 한 마리의 새,《시인학교》, 신현실사, 1977.
- 해가 머물러 있다,《문학예술》, 1956. 11.
- 행복,《누군가 나에게 물었다》, 민음사, 1982.
- 虛空,《시인학교》, 신현실사, 1977.

- 刑,《누군가 나에게 물었다》, 민음사, 1982.
- 헨쎌라 그레텔,《누군가 나에게 물었다》, 민음사, 1982.
- 休暇,《십이음계》, 삼애사, 1969.

∎작품해설

적막과 환영(幻影)
끼인 시간대의 노래

　김종삼 (1921~1984)은 다 아는 대로 우리 시에서 "가장 순도 높은 순수시"를 쓴 시인 또는 한국 현대시사상 가장 뛰어난 시인의 한 사람 등으로 서슴없이 손꼽히는 인물이다. 사실이지 〈걷자〉나 〈라산스카〉(수록 6), 〈북치는 소년〉, 〈聖河〉, 〈G·마이나〉, 〈물桶〉, 〈돌각담〉(수록 1) 등 그의 일련의 절창들은 우리 현대시가 내장하는 최고의 감동 중 하나임에 틀림없다.

　그가 이름 높은 과작(寡作)의 시인이었던 사실 또한 모르는 사람은 아마 없을 것이다. 그가 처음 시작(詩作)에 손을 댔다는 '피란 때 연도' — 한국전쟁기간을 김종삼은 즐겨 이렇게 부르곤 했다. 모진 피란살이를 잊지 못해서일까, 친구 전봉래(全鳳來)의 자살을 겪은 것도 이때이다—부터 타계할 때까지 30년이 훨씬 넘어서는 시력(詩歷)에도 남긴 것이라곤 2백 편을 조금 상회하는 시가 전부이고, 그 밖에 옳은 산문 한 줄이 없다. 그의 과작은 그가 한평생 직장다운 직장 한 번 가져본 적 없다는 사실을 상기할 때 족히 주목에 값한다.

그렇다
非詩일지라도 나의 職場은 詩이다

— 〈制作〉

기회 있을 때마다 그는 자신의 시가 한낱 비시(非詩, 시가 못되는 시라는 뜻)에 불과하다고 단호하게 잘라 말하곤 했다. 그리고 그것이 덕지덕지한 삶을 살아가는 사람(자신)에게는 다소 불가피한 측면도 없지 않다는 점을 토로 달기도 한다. 가령,

나는 시에 대해 별로 진지하게 생각하지 않고 애착도 느끼지 않는다. 다만 창피 안 당할 정도로 써 갈길 뿐이다.

라거나

살아가노라면 어디서나 굴욕 따위를 맛볼 때가 있다. 그런 날이면 되건 안 되건 무엇인가 그적거리고 싶었다. 무엇인가 장난 삼아 그적거리고 싶다.

라고 거리낌없이 토로한다. 여기에는 자신의 시가 마구 '써 갈기거나' '장난 삼아 그적거려' 놓은 일종의 낙서('써 갈기다', '그적거리다'는 낙서의 개념으로 하는 말이다) 같은 것이라는 자괴를 담는다.

김종삼이 시 쓰는 일과는 달리 온몸으로 빠져들었던 것, 그것은 술과 음악이었다. 그의 술과 음악(서양고전음악 듣기)의 탐닉에는 어떤 종교적 신앙의식에서나 볼 수 있는 것 같은 엑스터시가 있다. 종교가 세상과의 분리를 그 본질로 하듯, 그리고 절대자 앞에 단독자로 독대(獨

對)하듯이 그는 자신을 철저하게 고립시킨 가운데 이 의식 아닌 의식에 들었으며, 이 과정에서 보인 숱한 기행들은 수도사의 수행과정을 방불케 하고도 남음이 있었다. 그의 술 관행은 면벽선(面壁禪)을 무색케 하는 독작(獨酌)이 원칙이었으며, 술이 있는 한 일체 곡기를 끊은 채 열흘이고 보름이고 깨고 마시기를 거듭하곤 했다. 가게에서 소주 한 병이라도 챙길 수 있는 날이면 도망치듯 혼자 산에 오르곤 했다(그는 술병이 도져 결국 죽음을 맞았다).

음악 또한 그랬다. 아끼는 곡(음악)이면 하루종일 또는 그 이상 한 달이고 두 달이고 그 곡만 고집스럽게 듣고 또 듣곤 했다. 이는 작품(음악)에 대한 이른바 미학적 지각과정 이상의 어떤 들림/사로잡힘(술에 대한 들림처럼)으로 볼 수 있다. 그가 아낀 음악은 바흐나 세자르 프랑크의 것과 같은 종교적 색채가 짙은 음악들이었으며, 특히 은둔의 음악가 프랑크에 대한 남다른 애정을 〈쎄잘·프랑크의 音〉,〈앙포르멜〉,〈破片〉,〈掌篇〉(수록 2),〈最後의 音樂〉 같은 시를 통해 노래하기도 했다. 사실 프랑크의 음악은 일찍이 어떤 음악이 종교음악인가 아닌가를 구분짓는 데 하나의 기준으로 제안되기도 했는데 ─ "세자르 프랑크가 갖춘 고고한 높이, 곧 천사의 날개에 가 닿을 정도"를 종교음악의 기준으로 삼을 것을 제안한 사람은 가브리엘 포레였다 ─, 프랑크 음악의 저 경건성은 그대로 김종삼 시의 성격으로 이어지고 있다. 덕지덕지한 인생에게 음악의 "화려하지 않은 분위기와 종교적이라 할 만한 정화력(淨化力)"이 세상을 살아가게 하는 힘이고 지상의 양식 같은 것이 된다던 말은 곧 자신의 시의 지향점이기도 했다.

거듭되는 말이지만 술과 음악에의 탐닉의 시간 그것은 그에게는 종교의식에 등가하는 것이었다. 이 시간을 통해 그는 이방살이의 소외나

가난의 고통, 절망 등에 대해 혹은 기도하고 혹은 묵상했던 것이라 말할 수 있다. 그의 시편 시편들을 바로 이 묵상의 이삭(낙수, 落穗)들로 볼 수 있지 않을까. 아닌게 아니라 김종삼의 시편들 모두는 한달음에 씌어진 듯한 흔적이 역력하다. 조금만 주의를 기울여 살필 때 표현상 뚜렷이 구분되는 두 경향을 발견하게 되는데, 곧 마구 써 갈긴 것 같은 비교적 길이 긴 시들과, 그리고 장난 삼아 끼적거려 놓은 듯한 무척 짧은 단시들로 나누어 볼 수 있는 것이다. 대체로 전자가 직설적 진술적인 데 반해 후자는 추상적 함축적이다. 전자(써 갈긴 시)로는 〈누군가 나에게 물었다〉를 비롯해 〈앞날을 향하여〉, 〈맙소사〉, 〈소공동 지하상가〉, 〈그럭저럭〉, 〈아데라이데〉 같은 일련의 작품들을 들 수 있다.

    며칠이 지난 새벽녘이었다
    아래층으로 내려가는 좁은 계단을 내려가고 있을 때, 어둑한 계단 벽에 기대고 앉아 잠든 아낙이 낯익었다.
    가망이 없다는 통고를 받았다는 것이다.
    그이가 생존할 때까지 돈이 아무리 들어도
    그이에게서 산소 호흡기를 떼어서는 안 된다고 조용히 조용히 말하고 있었다.
    되풀이하여 조용히 조용히 말하고 있었다.
                                     — 〈앞날을 향하여〉

여기서는 어떠한 시적 긴장이나 구조성, 언어의 조탁이나 레토릭 등을 찾아보기 어렵고, 그 대신 노출적인 전언(메시지)은 이 시가 한달음에 써 갈겼음을 확연하게 느낄 수 있게 한다.

이와는 달리 〈걷자〉나 〈라산스카〉(6), 〈聖河〉, 〈북치는 소년〉, 〈물 桶〉 같은 후자('그적거려' 놓은 시)들에서는 오래 곰삭은 것 같은 숙성감과 함께 어떤 재현감을 맛보게 된다. '그적거리다'라는 말은 곧 기지(旣知)의 내용 또는 기억에 대한 단순한 재현의 동작을 가리키는 것일 수 있으며, 이들 작품의 단시성(短詩性) 또한 기억 또는 재현을 용이하게 하려는 방도일 수 있다.

잔잔한 聖河의 흐름은
비나 눈 내리는 밤이면
더 환하다

— 〈聖河〉 전문

이 적나라한 단순함들이 과연 종이를 통해 창작된 시작품들일까. 작품 〈聖河〉의 전언적 의미는 전적으로 조어 '성하'(聖河)로 초점화되는데, 다 아는 대로 조어의 창안에는 수없이 반복되는 추상화의 과정이 따르게 마련이고, 추상화의 과정은 또한 본질적으로 종이를 떠나 머리/생각으로 숙고되고 완성된다.

필자는 김종삼의 시작품 대부분이 이 조어의 창안과정을 그대로 닮아 있고, 또 거의 같은 길을 걸었을 것으로 생각한다. 그러니까 어떤 시적 전언이 종이를 떠나 그의 머리/생각 속에 들어가 오래 저작(咀嚼)되고 숙성되어 가는 동안 마침내 작품적 완성의 형식에 이르게 된 것이 아닐까. 다음과 같은 그의 언급도 필자의 이와 같은 생각을 뒷받침한다.

기독인이면 기도할 마음이 생기듯이 나 역시 되건 안 되건 무엇인가 천천히 그적거리고 싶었다. 나의 좁은 창고 속에서 끄집어내는 몇 줄의 메모를 나열해 보는 것이다.

평생 단칸방 월세살이에서 벗어나 보지 못했던 그에게 현실적으로 창작의 공간 같은 것은 어디에도 허락되지 않았다. 종교적 신앙의식에 비견될 수 있었던 저 술과 음악에의 탐닉 그 의식 아닌 의식의 시간들만이 유일하게 그에게 허락된 창작공간이자 시작의 전과정이었다고 할 수 있다. 그리고 이것이 그의 과작의 한 원인이었다고 말할 수 있다.

1. 끼인 시간대와 적막

김종삼이 가족들(양친과 형 종문宗文, 아우 종수宗洙)과 함께 월남한 것은 1947년 그의 나이 스물일곱 되던 해 봄이다. 이후 타계하기까지 근 40년 동안 그는 낯선 남한(서울) 땅에 소외와 가난에 갇힌 채 살았다. 그는 이 기간 내내 자신이 어떤 막간(幕間) 같은 시간대에 끼어 있다는 인식에서 벗어날 수 없었던 것 같다. 그의 시편 시편들이 예외 없이 쏟아내는 짙은 적막(감)은 바로 이 끼인 시간대 인식의 정조이다.

끼인 시간대, 그러니까 현재의 역사적 시간대란 일찍이 인간과 자연이 극치의 조화로움을 보이던 원초적 시간대(황금시대)를 죄로 인해 상실해 버린 시간대이다. 온통 죄악과 참상으로 가득 차 있는 이 황폐한 시간대는 어디까지나 잠정적인 시간대로서 죄의 정화를 통해 얼마든지 원초적 시간대로 회귀하거나 또는 역사/시간의 종말에 자리한다는 낙원/천국의 시간대로 이행할 수 있게 된다.

　신학적 또는 신화적 시간으로 재단할 때 현재적 시간대는 잠깐 동안의 임시 시간대일 뿐이지만 정작 이 시간대를 살아가는 이들에게 있어 그것은 끝이 보이지 않는 참으로 지리한 시간일 수밖에 없다. 김종삼 시에서 이 끼어 있는 시간대의 적막은 악몽이나 유적(流謫, 추방), 황야/광야, 변방(변두리), 낯설음, 떠돎 등 다양한 심상형태로 구체화, 외형화된다.

　　그 언제부터인가
　　나는 罪人
　　수億 年間
　　주검의 連鎖에서
　　惡靈들과 昆蟲들에게 시달려 왔다
　　다시 계속된다는 것이다
　　　　　　　　　　　　　　─〈꿈이었던가〉 전문

　　여긴 또 어드메냐
　　목이 마르다
　　길이 있다는
　　물이 있다는 그 곳을 향하여
　　罪가 많다는 이 불구의 영혼을 이끌고 가 보자
　　그치지 않는 전신의 고통이 하늘에 닿았다
　　　　　　　　　　　　　　　　─〈刑〉 전문

　죄인식은 김종삼 시 전편의 기저에 깔리는 정조이다. 어느날 갑자기

낯섦 한가운데 갇혀 있음을 깨닫게 되는 믿어지지 않는 현실이 어떤 죄/원죄에 따른 형벌이나 추방이 아니고 무엇이겠는가. 〈꿈이었던 가〉, 〈刑〉 같은 인용시의 제목들(그의 작품에는 〈極刑〉이란 제목도 있다)이 이미 이에 대한 의문을 던지고 있다. 시인/화자들은 이 시간대가 자신이 꾸고 있는 어떤 해괴한 꿈(악몽)의 시간이 아닐까(〈꿈이었던가〉), 또는 추방되어 어디인 줄 알 수 없는 유적지 그 낯섦 가운데 떠돌고 있는 시간대가 아닐까(〈刑〉) 하고 절망한다. "다시 계속된다는 것이다" 또는 "그치지 않는 전신의 고통" 등의 진술은 고통스러운 이 시간대에 끝이 보이지 않기 때문이다.

끼인 시간대에 대한 기록으로는 구약(성서)의 '황야'의 시간대를 들 수 있다. 헤브루인들에게 황야는 비록 해방(소유와 구속으로부터의 완전 해방)을 위해 가도록 명령/계시받은 장소이지만, 막상 거기는 이름 그대로 모래와 바위들이 대부분을 차지하는 메마르고 생소하고 낯선 땅이었으며, 임시로 살아갈 가짜 고향일 뿐이었다. 거기는 당장 먹고 마실 물조차 넉넉지 못했으며, 소유는 최소한의 생필품만이 허용될 뿐인 땅이었다. 그들에게 일상은 다만 결핍의 고통 속에서 이 시간대가 끝나기를 바라는 대망(待望)의 세월이 된다.

오늘날에도 유대인 축제의 몇몇 주요 상징들은 이 황야와의 관련 속에서 그 기원을 찾을 수 있다. 예컨대 술이나 누룩/이스트를 넣지 않는 빵(이것은 황야생활에서 급히 떠나야 하는 방랑자들의 빵이다)과 성막(聖幕, suka — 이것은 임시 거처로 쓰이는 일종의 천막으로, 쉽게 세우고 쉽게 걷을 수 있는 방랑자들의 집이다), 그리고 "메시아 시대에 대한 예행(豫行)"이라고 탈무드가 불렀던 안식일(샤바트 shabat) 등이 그것이다.

김종삼 시인이 빵이나 주거에 거의 집착을 보이지 않은 것은 유명하다—평생 그는 가족들을 데리고 옥인동이나 정릉의 산동네와 같은 도심 변두리로 전전했으며, 월셋방 신세를 벗어나 보지 못했다 — 그리고 그의 일상 또한 마치 "풀잎 하나 뜯는 일", "성냥 한 개피 켜는 일"까지 인간과 자연 간의 조화를 파괴하는 것으로 간주한 저 샤바트의 안식/휴식을 연상시킬 만큼 무위(無爲)로 일관했던 것 등도 모두 이 끼인 시간대 인식의 표출로 이해할 수 있다.

방대한
공해 속을 걷자
술 없는
황야를 다시 걷자

— 〈걷자〉 전문

이 시에서 전언이 강조되고 있는 것은 뒤 2행이다. 다분히 상투적인 "방대한 공해 속"보다 "술 없는 황야"에 시인의 표현상의 역점이 실리기 때문이다. 그리고 진술상으로도 앞의 "걷자"에 비해 재천명한 뒤의 "다시 걷자"가 훨씬 강조된 것으로 볼 수 있다. 따라서 "걷자—다시 걷자"를 골격으로 하는 이 시의 전언은

················걷자
황야를 다시 걷자

로 요약되며, 이때 '황야'는 초점화된다.

이 시에는 형식상 두 인물이 등장하는 것으로 볼 수 있다. 말을 건네는 화자와 이를 듣는 또 다른 화자 / 청자가 따로 있는 겹구조이지만,

사실은 화자가 자신을 상대해 말 건네고 있는 독백의 형식임을 알 수 있다. 황야 ("술 없는 황야")로 걸어들어 가기를 한사코 두려워하는 청자(화자 자신)를 향해 시인/화자는 그럼에도 "걸어들어 가자— 다시 또 걸어들어 가자"고 청유하고 있다. 청유의 어조가 설득적이기보다 사뭇 자조적·체념적이다.

지금 화자는 광대무변한 황야 앞에 하나의 점(點)처럼 혼자 왜소하게 서 있다. 황야는 구체적으로는 서울 도심을 지시하는데, 낯설음, 무서움으로 그것(서울 도심)을 뭉뚱그려 '황야'라는 민둥얼굴로 추상화해 부르고 있음을 본다.

술이 없는 황야, 그러니까 술잔을 사이하고 대화할 그 누구도 없는 마치 황야 가운데 든 것 같은 서울 도심을 화자는 오늘도 혼자 걷고 또 걷고 걷는다. 황야로 나아가기를 한사코 주저하는 화자의 모습에서 우리는 흡사 달의 표면을 힘들게 걷고 있는 우주인의 유영을 떠올리게 된다. 이미 화자가 진공(*vacuum*)과도 같은 거대한 공허와 적막에 직면해 흐느적거리고 있기 때문이다. 시 〈올페〉에서

宇宙服처럼 月谷에 둥둥 떠 있다
귀환 時刻 未定

이라고 노래했던 대로 귀환이 끝없이 유보된 시간대에 속절없이 그는 발목이 잡혀 있는 것이다.

황야 또는 광야는 본질적으로 시간적인 개념이다. 구약(성서)의 경우에서 보듯이 거기(황야)에는 구체적인 어떠한 지리적 공간도 명시되지 않는다.

다시 끝없는 荒野가 되었을 때

— 〈鬪病記〉(수록 3)

황야/광야는 이미 그 시간대 — 황야/광야라는 이름의 시간대 — 에 끼인 자로서는 벗어날 수도 건너뛸 수도 없는 시간이고 시간대이다. 작품 〈돌각담〉은 〈民間人〉, 〈G·마이나〉 등과 함께 그의 일련의 죽음 체험을 노래한 것이다. 그로서는 자신의 상처이자 치욕인 이 일련의 노래들을 통해 적막의 일부나마 덜어보려 하는 것인지도 모른다. 배에서 우는 영아(嬰兒)를 바다에 수장(水葬)시킴으로써 생환(生還) 할 수 있었던 일(〈民間人〉)이나, 친구의 자살을 지켜보고만 있었던 것(〈G·마이나〉), 길 위에서 황망히 처리하고 떠날 수밖에 없었던 어떤 죽음의례(〈돌각담〉) 등은 황야/광야 시간대를 살아가는 자의 감추고 싶은 상처 또는 치욕의 속살들인 셈이다.

김종삼이 시작에 손을 대고 처음 제작했다는 〈돌각담〉은 내용/진술이 대동소이한 두 편 중 수록 2로 보인다.

다음부터
廣漠한 地帶이다.

기울기 시작했다.
十字型의 칼이 바로 꽂혔다.
堅固하고 자그마했다.
흰 옷포기가 포기어 놓였다.

돌담이 무너졌다 다시 쌓았다

쌓았다
쌓았다 돌각담이
쌓이고
바람이 자고 틈을 타
凍昏이 잦아들었다.

— 〈돌각담〉(수록 2) 전문

이 작품은 "廣漠한 地帶", 곧 '광야'를 앞에 둔 화자와 일행이 시간에 쫓기며 돌무더기를 쌓았던 어떤 일/사건 — 평북 방언에서는 돌무더기를 돌각담으로 부르기도 한다 — 을 회상하는 것으로 보인다. 제2연과 제3연이 숨쉴 겨를없이 연거푸 쏟아내고 있는 동사형의 진술들 곧 "기울기 시작했다 — 바로 꽂혔다 — 자그마했다 — 놓였다" 또는 "돌담이 무너졌다 — 다시 쌓았다 — 쌓았다 — 쌓았다" 등에서 우리는 화자가 처한 정황이 얼마나 촉박했던 것인가를 짐작할 수 있다.

그러니까 이 작품의 진술구조는 어떤 쫓기는 시간 그 흐름 위에 설정된 구조이다. 이는 앞서 지적한 동사형 진술들로도 이미 충분히 확인되었지만, 이 밖에 '다음부터'(제1행)와, '바로 꽂혔다'(제4행)의 '바로' 등을 시간부사어로 해석할 때 더욱 분명히 뜻이 살아나게 된다. 다시 말해 이 표현들은 다음과 같이 시간부사어로 읽혀야 한다.

다음부터 → 이제 곧, 이제부터
바로(꽂혔다) → 이내(꽂혔다), 곧장(꽂혔다)

그러니까 "다음부터/廣漠한 地帶이다"의 이 시에서의 진술은 "이제 곧 광야(광막한 지대)가 시작된다"의 의미이다. 그리고 "바로 꽂혔다"의 진술도 "똑바로〔正〕 꽂혔다"가 아니라 "곧장 꽂혔다" 또는 "이내 / 사정없이 꽂혔다"의 의미이다. 이것들을 이렇게("이제부터"와 "곧장") 읽었을 때 비로소 후속되는 반복적 동사형 진술들("무너졌다 — 다시 쌓았다 — 쌓았다 — 쌓았다")과 호응을 이루게 되어 전체적으로 어떤 쫓기는 시간적 정황을 복원하게 되고, 시인의 진술을 곡해 없이 들을 수 있게 된다.

앞서 말한 대로 돌각담은 돌무더기의 한 이칭(異稱)이다. 이 땅의 산야(山野) 외진 곳 여기저기에 널린 돌무더기(돌각담)들은 대개의 경우 아총(兒冢, 애총)인 죽은 아이의 무덤들이었다. 그러나 전란중 새로 생겨난 돌무더기인 경우 굳이 아총이 아니더라도 십중팔구 폭격이나 괴질 등으로 연고 없는 땅에서 죽음을 맞은 사람의 임시무덤이기 십상이다.

이 작품 〈돌각담〉(수록 2)을 전혀 새로운 형태의 작품, 곧 형태시로 개작해 놓은 것이 〈돌각담〉(1)이다. 형태시 돌각담(1)이 두 편의 〈돌각담〉 중 대표성을 얻고 있는 것은 전적으로 시인(김종삼)의 의사 / 의도에 말미암은 것이다. 그는 이 작품〔〈돌각담〉(1)〕을 1957년 3인 연대시집 《전쟁과 음악과 희망과》에 발표한 이래 개인시집들에 빠짐 없이 등재하는 등 널리 전했던 반면 〈돌각담〉(수록 2)은 1964년 단 한 차례 선보였을 뿐이다. 발표연도와 무관하게 여기서는 형태시 〈돌각담〉(1)을 개작된 완성작품으로 보고 논의한다(이는 행의 첨삭 등 작가적 의도에 비추어 분명하다고 말할 수 있다).

김종삼은 왜 〈돌각담〉의 개작에 손을 댔던 것일까. 한없이 적막한 작업이었을 이 작품의 개작을 통해 그는 수록(2) 작품에 잔재하고 있을지도 모를 일말의 치욕의 흔적들을 청산하고, 동시에 예의 죽음에 대한 비례(非禮)를 보상하고 조상코자 했던 것으로 볼 수 있다. 왜냐하면 개작이 〈돌각담〉(2)에 잔존한 의미적 요소 일체를 제거하는 것으로부터 착수하고 있기 때문이다〔수록(2)의 작품도 의미 전달이 쉽지 않은 추상시이지만〕. 개작은 띄어쓰기와 행 및 연의 경계 등을 없애고 지우는 것으로부터 시작된다.

언술 / 문장에서 띄어쓰기와 단락 — 시의 행이나 연 —, 문장부호 등 의미기능적 요소 일체를 제거했을 때 거기에는 다만 아무 의미 없는 낱낱의 글자들 / 말소리들만이 무의미한 무더기를 이루고 있게 된다. 더구나 다음의 제 1연에 대한 처리에서 우리는 시인의 의도가 어떤 것인지 더욱 분명하게 알 수 있게 된다.

　다음부터
　廣漠한 地帶이다.

이 연은 작품 〈돌각담〉이 전하고자 하는 메시지 / 전언의 구조 / 틀이 어떤 것인지를 파악하게 해줄 거의 유일한 지표이다. "이제 곧 광야(광막한 지대)가 시작된다"는 뜻을 가지는 이 연은 후속 연의 "기울기 시작했다"와는 전혀 무관한 각각의 문맥관계이다. 그럼에도 개작과정에서 "다음부터" 행을 없앴고, 남게 된 "廣漠한 地帶이다"를 별개인 후속 문맥과 뒤섞음으로써(연과 연 사이 경계를 지움으로) 개작시(완성된 시)의 독자들에게 전언에 혼란이 생기도록 의도한 것으로 볼 수 있다(실제로 여러 평자들이 여기서 문맥적 혼란을 겪기도 한다).

이 개작작업을 요약해, 어떤 언술에서 의미요소 일체를 탈색해 한낱 무의미해진 글자들 / 말소리들을 가지고서 돌무더기, 곧 돌각무덤 형상을 그려놓은 / 쌓아올린 것이라고 말할 수 있다.

廣漠한地帶이다기울기
시작했다잠시꺼밋했다
十字型의칼이바로꼽혔
다堅固하고자그마했다
흰옷포기가포겨놓였다
돌담이무너졌다다시쌓
았다쌓았다쌓았다돌각
담이쌓이고바람이자고
틈을타凍昏이잦아들었
다포겨놓이던세번째가
비었다.

— 〈돌각담〉(1) 전문

돌각무덤 형상의 이 그림시 / 형태시 앞에서 우리는 시인의 이방살이 정조가 얼마나 적막한 그것인가 하는 생각에 한동안 눈을 뗄 수 없게 된다. 김종삼에게 〈돌각담 (1)〉 개작의 의미는 한편으로는 숨기고 싶은 남모르는 상처 / 치욕에 대한 더욱 완벽한 은폐행위의 의미이고, 다른 한편 한 죽음의 비례(非禮)에 대한 예(禮)를 다한 조상행위의 의미를 가지는 것이라고 말할 수 있다. 그는 이곳 — 돌각담 형상의 무덤쌓기 — 에 죽은 친구 전봉래(〈G·마이나〉)나, 자신(들)의 무사한 생환을 위해 바다에 수장시킨 영아(嬰兒)의 죽음(〈民間人〉)도 함께 불러냈던 것일까.

일찍이 미셸 라공은 추상화를 말하는 자리에서 장 포트리에의 일련의 그림들을 환각예술이라 불렀다. 앙포르멜 회화의 길을 열었던 포트리에는 2차 대전 당시 파리 점령군인 나치 독일군에게 처형된 인질

(처형자)들의 영상에 사로잡힌 나머지 사람의 머리만한 크기의 연작들을 제작, 〈인질(otage)〉전(1945년)을 가졌었다. 이 그림들은 얼핏 보면 두꺼운 파트 반죽의 진득한 덩어리로밖에 보이지 않았으나 자세히 관찰할 때 흙투성이가 되어 짓밟힌 인질들의 머리임을 시사했다. 〈돌각담(1)〉의 경우만이 아니라 황야 그 적막한 시간대에 온통 사로잡혔던 그(김종삼)의 문학을 우리는 일종의 환각예술이라 불러도 무방할 것이다.

작품 〈물桶〉은 시인이 황야/광야의 삶을 마감했을 때를 가상으로 그려본 노래이다. 말하자면 결핍(목마름)과 적막에 부대끼는 이 시간대를 어떻게 사는 것이 그 중 소명을 다하는 충실한 생이 될 것인가에 대한 자기성찰적 묵상인 셈이다. 이 작품은 단시를 대종으로 하는 그의 시에서도 가장 단순한 구조에 속한다.

    희미한
    風琴 소리가
    툭 툭 끊어지고
    있었다

    그동안 무엇을 하였느냐는 물음에 대해

    다름아닌 人間을 찾아다니며 물 몇 桶 길어다 준 일밖에 없다고

    머나먼 廣野의 한복판 얕은
    하늘 밑으로
    영롱한 날빛으로

하여금 따우에선

— 〈물桶〉 전문

　광야가 저 아래 멀리 부감(俯瞰)되는 천상의 한 켠에 시인/화자가 절대자(신)와 독대(獨對)하고 주고받는 심문과 답변의 형식, 곧 제2연 및 제3연의 두 행이 이 시의 구조/골격을 이루고 있고, 나머지(제1연 및 제4연)는 이것(구조)을 위한 장식에 지나지 않는다.
　"그동안 무엇을 하였느냐"는 물음은 기독교의 '최후의 심판'을 요약하는 것이다. 이는 교리적인 물음으로 직접적 개별적 언술(심문)이라고 할 수 없다. 이에 반해

　　다름 아닌 人間을 찾아다니며 물 몇 桶 길어다 준 일밖에 없다

라는 화자의 답변은 아주 개별적이고도 구체적이다. 세상은 결핍 또는 소외로 고통받는 사람들로 넘치고, 이들을 찾아다니며 아픔을 덜어주려 했으나 역부족이었노라("물 몇桶 길어다 준 일밖에")는 답변이다. '찾아다니며'에서 소격(疏隔) 또는 소외를, '물 몇 桶'에서는 결핍/목마름의 함의를 찾아 읽을 수 있다. 화자의 답변으로 된 이 연(제3연)은 그러니까 그의 한 생애의 요약인 셈인데, 광야에 사는 생애 동안 목도한 것이라곤 오로지 소외와 결핍이노라 복명하고 있음을 본다.
　최후의 심판정을 연상시키는 이 우주적 무대장면에서 제1연은 말하자면 심문(제2연)과 답변(제3연)의 극적인 순간을 위한 음악효과적 설정으로 볼 수 있다. 흔히 극적 상황의 연출에서 보게 되는 툭 툭 끊어지는 장중한 오르간(풍금) 음악을 떠올려 볼 수 있다(시골학교 교정

같은 데서 듣게 되는 낭만적인 풍금소리가 아니다). 그리고 마지막 연은 천상(최후의 심판정)에서 부감된 광야/황야를 묘사한 것으로, 참으로 평화롭고 아름다운 장소로 노래되고 있다. 그 동안 화자에게 가난(결핍)과 소외와 굴욕의 온갖 고통을 안겨주었던 광야, 그 광야가 오늘따라, 다르게 말해 생을 마감하는 자리에서 새삼스럽게 영롱한 아름다움으로 비쳐지는 것("영롱한 날빛으로 가득한 땅 위")은 그것이 삶의 불가해이고 신비인지도 모를 일이다.

김종삼 시가 성서적 상상력에 크게 기대고 있음은 부정하기 어렵다. 이 점은 그의 시의 정신주의적 경향, 특히 복음주의적 성격에서 잘 드러난다. 시〈누군가 나에게 물었다〉는 이 작품의 정신주의적 메시지를 논외로 할 때 결코 좋은 작품일 수 없는 게 사실이다. 그럼에도 이 작품으로 자신의 마지막 개인시집(1982년)의 제명으로 삼은 것에서 김종삼의 시 인식의 일면을 엿볼 수 있다.

누군가 나에게 물었다. 시가 뭐냐고
나는 시인이 못됨으로 잘 모른다고 대답하였다.
무교동과 종로와 명동과 남산과
서울역 앞을 걸었다
저녁녘 남대문 시장 안에서
빈대떡을 먹을 때 생각나고 있었다.
그런 사람들이
엄청난 고생 되어도
순하고 명랑하고 맘 좋고 인정이
있으므로 슬기롭게 사는 사람들이

그런 사람들이
이 세상에서 알파이고
고귀한 인류이고 영원한 광명이고
다름아닌 시인이라고.

― 〈누군가 나에게 물었다〉 전문

이 작품은 '시는 무엇이어야 하는가' 그리고 '시인은 어떤 사람이어야 하는가' 하는 시인(김종삼) 자신의 오래된 화두를 노래한 것으로 볼 수 있다. 이에 대한 그의 생각인즉, 이 궁핍한 시대에 시가 "엄청난 고생 되어도／순하고 명랑하고 맘 좋고 인정이／있으므로 슬기롭게 사는 사람들" 그들에게 희망과 구원이 되지 못하는 것이라면 무슨 소용이며 존재이유가 있겠는가 하는 그것이다.

시는 가난과 소외 속에서도 선량하게 살아가는 사람들에게 힘과 위안이 되는 하나의 말씀이고 복음이어야 한다고 그는 생각한다. 그래서 그는 "복제를 능사로 아는 낡은 사진사들(시인들)의 틈바구니에 끼어서 시랍시고" 썼던 한때의 경력을 몹시 부끄러워해 마지않는다. 누구는 그의 시에서 세상에 대한 무관심('무관심의 리듬')을 읽었다지만 달변(達辯) ― 다작(多作)은 곧 달변이기도 하다. "참새 같이 지저귀는" 시인들의 "집단의 소란"을 그는 가장 경계했다 ― 이나 유려한 수사, 언어적 정치(精緻) 따위를 그는 철저히 타기한다.

"그런 사람들이／이 세상에서 알파이고／고귀한 인류이고 영원한 광명"이라는 대목의 진술에서 듣게 되는 것은 시의 목소리는 아니다. 초대 교회시대 바울과 같은 예언자들이 나타나 광야를 떠돌며 "때가 왔다", "준비하라, 회개하라"고 회중(會衆)을 향해 외친 케뤼그마／선포의 목소리에 그의 시는 훨씬 더 근접해 있다. 그런 그의 태도에서 우리는 "작가라니? 지금은 수많은 순교자가 필요한 때!"라고 침묵의 뜻을 적었다는 키에르케고르의 일기 구절을 떠올리게 된다.

다 아는 대로 초기 교회시대는 참으로 가난하고 비천한 사람들이 모여 삶의 공동체를 이루고 살아갔다. 이들은 도덕적 확신에 찼던 만큼 그만큼 세상과의 대결의식에서도 대립각을 세우고 있었다. 이때에 있었던 산상수훈(마태 5~7장)을 막스 베버는 대규모 노예반란 연설로 본다.

　　내가 처음으로 일으키는 微風이 되어서
　　내가 不滅의 平和가 되어서
　　　　　　　　　　　　　　— 〈미사에 參席한 李仲燮氏〉

여기서 듣게 되는 것도 비장함으로 무장한 고독한 목소리이다. 현세적(現世的) 가치와 물질주의, 악 등에 맞서 고귀한 정신이 절망하고 꺾이는 일이 없도록 하기 위하여는 시대를 뛰어넘는 도덕적 확신과 복음 / 말씀은 필요한 것이다(초기 교회시대가 그랬던 것처럼). 그의 시가 비장하고 고독한 목소리를 내는 것은 이 때문이다.

　　내가 많은 돈이 되어서
　　　　　　　　　　　　　　— 〈미사에 參席한 李仲燮氏〉

　　죽지 않는 계단
　　　　　　　　　　　　　　— 〈엄마〉

나의 本籍은 人類의 짚신이고 맨발이다

— 〈나의 本籍〉

시인은 가난하고 천대받는 선량한 사람들을 위해서라면 자신의 몸 〔肉〕으로 베풂(육보시, 肉報施)을 실천하는 일(내 몸을 많은 돈으로 변하게 해서 쪼개어 나누어주겠다는 것은 몸을 통째 바침이 곧 영적 예배라는 로마서(12장)의 말씀 / 가르침과도 통한다) 이나 자신의 몸뚱어리를 이들이 밟고 지나가는 계단으로 이용하도록 내어주는 일("죽지 않는 계단") 또는 닳아 천시되고 버려지더라도 그만인 한낱 짚신이나 맨발이기를("나의 본적은 인류의 짚신이고 맨발이다") 즐거이 자처하고 있다.

그러고 보면 그의 시에 숱하게 등장하는 '광야' 또는 '황야'로의 장소 묘사는 현실 내 구체적인 장소의 명시를 사절하는 표현일 수 있다. '황야'는 말하자면 구체적 장소의 묘사 없이 뭉뚱그려 제시한 이목구비 없는 민둥얼굴 격인데, 이는 현실 또는 물질주의적 가치의 세목(細目) 일체를 무화(無化)하고 인정하지 않으려는 심리의 한 반영일 수 있다. 그의 시에는 또한 종종 묵시록적 개념인 '최후의 심판'을 연상케 하는 신학적, 우주론적 시간과 무대가 설정되고 있음을 볼 수 있는데, 이 역시 현재의 역사적 시간대 자체에 대한 백안시를 나타낸 것으로 볼 수 있다.

김종삼 시의 정신주의적 성격은 그의 긍휼시편이나 치열한 삶 / 생애들을 노래한 작품들이 잘 설명해 준다. 긍휼은 마음 속에 내재화되어 나타나야 할 본질적 미덕으로, 특히 초대교회 당시 신앙의 바탕요소이기도 했다.

조선총독부가 있을 때
청계川邊 一○錢 均一床 밥집 문턱엔
거지소녀가 거지장님 어버이를
이끌고 와 서 있었다
주인 영감이 소리를 질렀으나
태연하였다

어린 소녀는 어버이의 생일이라고
一○錢짜리 두 개를 보였다.

—〈掌篇·2〉 전문

두 사람의 생애는 너무 비참하였다. 그러므로 그들에겐 신에게서 베풀어지는 기적으로 하여 살아갔다 한다. 때로는 살아갈 만한 희열도 있었다 한다. 환희도 있었다 한다. 영원 불멸의 인간다운 아름다움의 내면세계도 있었다 한다. 딴따라처럼 둔갑하는 지휘자가 우스꽝스럽다. 후란츠 슈베르트·루드비히 반 베토벤—

—〈연주회〉 전문

긍휼은 '가난'이나 '어린아이'와 함께 최후의 심판에서도 으뜸인 덕목이다. 작품〈掌篇〉(2)이 통련시(統聯詩)를 취하지 않고 굳이 분련형태를 택한 것은 시인의 어떤 경탄의 경험을 형식화한 것으로 볼 수 있다.

어린 소녀는 어버이의 생일이라고
一○錢짜리 두 개를 보였다

거지 소녀가 내민 손에 들려있는 두 개의 동전—거기에 정작 소녀 자신의 식대는 없다—에 시인이 놀라 눈을 번쩍 떴음을 분련(分聯) 함으로써 형식화했다.

예시의 〈연주회〉에서 보듯이 불굴의 정신력이나 예술혼으로 인생 역경을 극복한 생애들 또한 찬탄의 대상이 된다. 여기에는 예수를 비롯하여 미켈란젤로나 반 고흐, 베토벤과 슈베르트, 구스타프 말러, 스티븐 포스터 등 치열한 삶을 살고 간 인물들이 망라된다. 이 땅의 소월이나 한하운, 나운규, 이중섭 등도 물론 빼놓지 않았다.

> 흘러가는 요단의 물결과
> 하늘나라가 그의 고향이었을까 철따라
> 옮아다니는 고운 소릴 내릴 줄 아는
> 새들이었을까
> 저물어가는 잔잔한 물결이었을까
>
> —〈고향〉

가톨릭 신앙인이기도 했던 그에게—그는 유아세례자였으나 남한생활에서는 거의 미사에 나가지 않았다. 의정부 외곽 한 성당 묘역에 그는 묻혀 있다—예수야말로 제일의 찬미대상이 된다. 그(예수)가 짧은 생애를 바쳐 가난하고 소외받는 사람들을 찾아다니며 눈물을 닦아주었기 때문이다. 이 시는 인간 예수의 더 없이 고귀한 정신과 따뜻했던 마음을 노래하고 있다. 예수는 그(김종삼)가 그 죽음까지도 빌려 보자고 생각한 "착하게 살다가 죽은 이"(〈또 한 번 날자꾸나〉)의 표상이었다.

김종삼 시에서 변두리(변방) 심상의 등장은 그의 시적 충전의 장

(場)이 광야의 중심부로부터 변두리로 이동되는 것과 때를 같이한다. 그가 광야 한복판에서 고독한 목소리로 노래했던 것은 시가 가난하고 소외받는 선량한 이들에게 하나의 말씀/복음이 되게 하고, '정신'이 끝내 승리하리라는 확신을 가지게 하기 위함이었다. 그러나 정작 광야의 어디에도 타락한 현실이 패배하고 물러설 징후는 나타나지 않았다. 결국 그는 속절없이 "이 세상에 / 계속해 온 참상들"이나 "보려고 온 사람"(〈無題〉·수록 2)으로 살아가게 된다(내가 재벌이라면 / ⋯⋯ 고아원 뜰마다 푸르게 하리니 / 참담하게 사는 그 사람들을 / 눈물 지우는 어린 것들을 / 이끌어주리니" ― 〈내가 재벌이라면〉, "허황된 꿈일지라도 / 그래도 살아보겠다는 가난한 / 불구자 돕기 운동이 펼쳐졌으면 좋겠다 // 옛 성현들이 깜짝 놀라 / 목화송이 같은 미소를 짓도록 말이다" ― 〈관악산 능선에서〉).

이제 변두리 심상의 목소리에서는 더 이상 〈누군가 나에게 물었다〉나 〈미사에 參席한 李仲燮氏〉 등의 경우와 같이 회중을 향해 외친 겟 같은 예언자적 긴장이나 비장감, 고독을 찾아볼 수 없다. 여기서는 변방에 물러난 화자가 화자 자신을 상대로 혹은 자책하고 혹은 자성하는 독백조의 목소리를 들을 수 있을 뿐이다.

그렇다
非詩일지라도 나의 職場은 詩이다.

나는
진눈깨비 날리는 질작한 周邊이고
가동中인
夜間鍛造工廠

깊어가리마치 깊어가는 欠谷

— 〈制作〉 전문

지금 화자/시인은 비록 변방에 갇혀 있으나 — 세상/'시의 잡담스러움'에 내치어 져 — 비시(非詩)가 아닌 진정한 시 / 말씀을 제작하려 온몸을 던지고 있노라는 뜻을 진술하고 있다. "금속을 가열하고 두들겨서 물건을 만들어내는 일"인 단조(鍛造)는 화자가 말씀다운 말씀 / 시를 얻기 위해 정신을 벼리고 또 벼리는 것을 함의하는 것으로 이해된다. 그것이 누구 하나 알아보지 못하는 변방 중의 변방, 그러니까 진눈깨비 흩날리는 날씨의 질척거리는 외곽지대, 그것도 사람들이 모두 잠든 한밤중 깨어나 혼자 공창(工廠)의 기계를 가동하고 있노라는 진술에서 고립무원의 외로움이 전해진다.

그럼에도 시다운 시 / 복음 / 말씀을 얻지 못하고 한낱 비시(非詩)나 제작할 뿐 허송하는 시간을 시인은 "깊어가리마치 깊어가는 欠谷"이라 노래하고 있다. '하품하다'라는 훈을 가진 한자 '흠'(欠)을 차용해 만든 말 흠곡(欠谷)은 물론 개인적인 조어(造語)이다.

다음의 노래에도 시인의 변방의식이 짙게 묻어난다. '왕십리'(往十里)는 서울의 외곽을 지칭하게 되는, 서울 변두리의 범칭 같은 것으로 여기에는 소월의 절창시편인 〈往十里〉의 영향이 큰 것으로 볼 수 있다.

金素月詞兄
생각나는 곳은
미개발 往十里
蘭草 두어서넛 풍기던 삼간초옥 下宿에다 해질 무렵 탁배기집이외다

또는 흥정은 드물었으나 손때가 묻어 정다웠던 대들보가 있던 雜貨商 집이외다.

— 〈掌篇〉(수록1) 전문

시에 변방 특유의 적막감이 물씬 풍기는 것은 시의 진술이 죽은 고인을 상대해 화자 일방의 말건넴으로 이루어지고 있기 때문이기도 하다. 김종삼은 서울천지에서 자신이 경험하는 적막과 동향시인 소월의 그것 사이에 세월을 건너뛴 어떤 동질감의 형성을 느꼈음이 분명하다.

1920년대에 소월은 한 변방 / 왕십리에 들어 비에 갇혀 있는 자신의 적막을 노래했다('왕십리(往十里)'는 '가도 가도 끝나지 않는 먼 십리 길'의 말뜻을 갖는다. 그리고 여기의 '비'는 당대의 암울했던 일제식민지 상황을 은유한 것으로 볼 수 있다]. 이로부터 50년 세월을 상거(相距)해 김종삼이 굳이 1920년대의 '왕십리' 속으로 찾아간 것("미개발 往十里"로 진술됨)은 거기라면 소월의 적막과 만나 동병상련을 나눌 수도 있을 것이라는 생각 때문이다. 생면부지였던 소월을 "해질 무렵 탁배기집"으로 불러내어 동향의 사투리(평북방언)를 맘껏 또 쉼 없이 지껄이고 있는 것 — 김종삼 시에서 평북방언으로 노래한 시는 이 작품 한 편뿐이다 — 에서 그의 적막의 깊이를 또 한 번 확인하게 된다.

담배 붙이고 난 성냥개비 불이 꺼지지 않는다. 불어도 흔들어도 꺼지지 않는다. 손가락에서 떨어지지도 않는다.
새벽이 되어서 꺼졌다.
이 時刻까지 무엇을 하며 살아왔느냐다 무엇 하나 변변히 한 것도 없다.

— 〈詩作 노우트〉

그는 새벽녘까지 줄담배에 의지한 채 ― 화자는 담배 / 끽연을 줄이려고 안간힘을 다하고 있으나 도무지 담배가 손에서 떨어질 줄 모른다고 진술하고 있다 ― 스스로를 광야의 적막 한가운데 가둔 채 긴 묵상에 칩거한다.

2. 환 영(幻影)

김종삼에게 남한(서울) 땅에서 보낸 40년 가까운 세월은 하루하루를 날짜를 세어서 살아온 길고 긴 대망(待望)의 시간이다. 이방살이가 끝나 여기를 벗어나는 꿈 대망은 참으로 집요하여 그의 시 전편에 적막의 적층을 이룬다 ("줄여야만 하는 생각이 다가오는 대낮이 되었다 / 어제의 나를 만나지 않는 날이 계속되었다" ―〈背音〉, "나의 연인은 내가 살아가는 날짜들이다" ―〈연인〉, "수효 많은 날짜들을 / 잊고 사는 이들이 되는지도 모릅니다" ―〈오동나무가 많은 부락입니다〉, "來日에 나를 만날 수 없는 / 未來를 갔다 // 소리없이 출렁이는 물결을 보면서 / 돌부리가 많은 廣野를 지나" ―〈生日〉).

김종삼 시의 주요 상징의 하나인 '신발' 심상은 이때 대망의 집념, 다시 말해 여기로부터 탈출코자 하는 일념의 시적 등가물로 보인다. '신발', 그러니까 탈출 / 대망의 꿈은 광야생활 내내 그(김종삼)에게서 떨어질 줄 모른다. 광야를 떠돌도록 명령받은 자에게 신발 또는 신들메(*shoe-latchet*)는 필수의 장구(裝具)이자 생명선이기도 한 까닭이리라.

녹이 슬었던
두꺼운 鐵門안에서

> 높은 石山에서 퍼부어져 내렸던
> 올갠 속에서
> 거기서 준
> 신발을 얻어끌고서
>
> 라산스카
> 늦가을이면 광채 속에
> 기어가는 벌레를 보다가
>
> ― 〈라산스카〉 (수록 1)

시인은 자신의 광야의 삶이 "거기서 준/ 신발을 얻어 끌고서"(제3연) 시작되었노라 노래한다. "녹이 슬었던/ 두꺼운 鐵門안"(제1연)에서 우리는 쉽게 감치(감옥)소를 연상하게 되지만, 그것이 오래되어 거역하기 힘든 어떤 막강한 권위("녹이 슬었던/ 두꺼운")로서 묘사되고 있음을 볼 수 있다.

제2연의 "높은 石山에서 퍼부어져 내렸던/ 올갠 속에서"는 우리가 앞서 살핀 시 〈물桶〉의 "희미한/ 풍금소리가/ 툭 툭 끊어지고/ 있었다"와 동일하게 천상의 법정('최후의 심판'정)을 시사한다. "높은 石山에서 퍼부어져 내렸던"의 진술대목에서는 숙연함이 전해진다.

'신발'은 말하자면 이때/ 이곳에서 내린 선고이고 명령이 된다. 돌부리와 열사(熱沙), 메마름의 땅 광야를 떠돌 때 '신발'이 필수장비이듯이 이방살이로부터의 탈출/ 대망의 꿈은 김종삼에게 삶의 의미 그 자체가 된다. 그가 이방살이 내내 진정으로 불안하고 초조해 했던 것, 그것은 정작 결핍이나 소외, 낯설음이 아니라 질병과 그리고 늙음이었다. 죽음이 그를 대망의 날(시간)에, 또는 그 땅(장소)에 발을 들이는 일을 허락지 않을 수도 있으리라는 생각은 더 없는 불안이 되고 초조감이 된다. 그가 〈소금바다〉에서 "나도 낡고 신발도 낡았다"라고 탄식하는 것은 이 때문이다.

다 아는 대로 구약의 출애굽기는 비극적인 종말로 향해 치닫는다. 결핍의 땅 황야에서 그들(헤브루인들)은 하루하루 지쳐갔으며, 특히 구심점 / 지도자의 부재에 대해 견딜 수 없어한다. 모세가 산 속으로 사라졌을 때 그들은 눈에 보이는 현시물(顯示物)을 제작하기에 몰두하게 되고, 이때 만들어진 것이 아론(Aron)의 황금송아지이다. 그것은 현시적인 황금과 부(富)를 나타내는 하나의 상징으로, 물질주의로의 경사와 타락으로 이해할 수 있다. 결국 황야의 1세들은 거기서 모두 죽게 되고 모세조차도 새로운 땅에 들어가는 것이 허락되지 않았던 것이다.

> 다시 끝없는 荒野가 되었을 때
> ....
> 나는 坐客이 되었다
> 신발만은 잘 간수해야겠다
> 큰 비가 내릴 것 같다.
>
> ─ 〈鬪病記〉 (수록 3)

> 人家들을 끼고 흐르지 않는
> 오밤중의 개울은
> 碇泊中인
> 납작한
> 배
>
> ─ 〈배〉 전문

노아의 홍수는 종말론적 개념인 '최후의 심판'의 한 보기가 된다. 신화는 언제나 인류의 새로운 출현에 앞서 큰 비/홍수를 예비하는 법이다. 죄악과 어둠 따위를 말끔히 쓸어버린 땅에 새 인류를 맞아들여야 하기 때문이다. 죄악이 창궐하는 땅에 들어 투병중인 김종삼이 "큰 비가 내릴 것 같다"고 중얼거리는 가운데 "신발만은 잘 간수해야겠다"고 진술하는 것은 이 때문이다(이 시의 제목이 〈투병기〉이다). 광야/황야의 시인에게는 오직 신발이 곧 노아가 타고 무사히 탈출한 배/방주가 된다.

〈鬪病記〉(수록 3)에서 또 화자/시인은 병으로 "나는 坐客이 되었다"고 진술한다. 좌객(坐客), 곧 앉은뱅이가 되었다는 것은 정작 대망의 땅/시간에는 거기 발을 들여놓을 수 없음을 시사한다. 시 〈배〉가 노래한 '인가(人家)들을 끼고 말라 붙어버린 개울'이나 그 한켠에 걸터져 있는 배에서 우리는 쉽게 찌그러져 버려진 헌 신발짝을 연상게 된다. 물길이 끊겨 개울바닥에 누워 있는 배나 버려진 헌 신발짝은 '좌객'(坐客)의 이미지와 함께 어떤 주저앉은 꿈의 메타포가 된다. 김종삼 시에서 '배'(舟)는 '신발' 상징의 은유적 표기일 뿐 둘이 아니다. 때가 차고 대망(待望)의 날이 찾아왔을 때 신발은 넉넉히 육신을 실어 광야를 건네줄 배가 될 수 있다.

김종삼 시에 병/죽음과 관련된 시편들이 많다는 것은 다 아는 사실이다. 굳이 〈鬪病記〉라는 제목을 단 작품들을 제외하고라도 〈내가 죽던 날〉,〈아침〉,〈前程〉(수록 2),〈非詩〉,〈深夜〉,〈오늘〉등 자신의 병/죽음에 대해 노래한 것들은 일일이 열거하기조차 번거롭다.

나는 무척 늙었다 그러므로

나는 죽음과 친근하다 유일한 벗이다
함께 다닐 때도 있었다
오늘처럼 서늘한 바람이 선들거리는
가을철에도
겨울철에도 함께 다니었다

― 〈前程〉(수록 2)

'신발＝배' 심상에서 살핀 대로 낯설음의 땅/시간으로부터 탈출하고자 하는 시인의 일념은 참으로 집요하다. 이 작품〔〈前程〉(수록 2)〕이 "나는 무척 늙었다. 그러므로/ 나는 죽음과 친근하다. 유일한 벗이다"하고 노래하고, 또 이 시의 덧붙임 글을 통해서는 "구질구질하게 너무 오래 살았다. 더 늙기 전에, 더 누추해지기 전에 죽음만이 극치가 될 지 모른다"고 적고 있지만 역설일 뿐이다.

그의 시에 환영(illusion)의 출몰을 보게 되는 것도 이 무렵 ― 그러니까 투병으로 일신의 적막이 깊어질 대로 깊어진 때의 일로 볼 수 있다. 그의 환영은 짐승 환영을 거쳐 라산스카 환영으로 절정을 나타내게 되지만, 이 때 환영들은 문학적 수사나 메타포라기보다 시인이 경험하는 체험적 기록들로 이해할 수 있다.

나는 술꾼이다 낡은 城廓 寶座에 앉아 있다 正常이다 快晴하다
WANDA LANDOWSKA
J. S. BACH도 앉아 있었다

사자 몇 놈이 올라왔다 또 엉금 엉금 올라왔다 제일 큰 놈의 하품, 모두 따분한 가운데 헤어졌다

나는 다시 死體이다 첼로의 PABLO CASALS
　　　　　― 〈첼로의 PABLO CASALS〉 전문

　환영들은 적막이 그 막다름에서 불러내는 일종의 신기루 같은 것으로 볼 수 있다. 그것은 사막이나 해상(海上) 같은 데서 출몰한다는 신기루가 그렇듯이 본질적으로 경계성의 특성을 갖는다. 죽음과 삶, 저승과 이승, 꿈과 생시, 이상과 현실 등의 경계를 헐고 환영들은 자유로이 넘나든다. 알콜리즘이나 백일몽(白日夢), 환각제의 복용 등에서도 환영의 이런 특성들을 여실하게 볼 수 있다.
　김종삼 시에서 환영의 출몰은 일반적으로 음악의 매개에 의해 나타나는 현상이지만 이 작품은 예외적으로 음악과 술이 함께 매개하며, 그것도 술이 주도하고 있는 보기 드문 예이다. 제1연의 "나는 술꾼이다 … 正常이다 快晴하다"라고 한 진술들부터가 음주의 수위와 관련된 진술로 볼 수 있다. 화자가 기억해 내는 인물들이 고작 여류 쳄발로 주자 란도프스카와 대음악가 바흐로 한정되는 것 또한 음주상태와 관련지을 수 있다.
　뿐만이 아니다. 제2연과 제3연 사이에 삽입된 "―――" 표시는 하나의 연 단위이지만, 이것을 화자가 술에 곯아떨어졌을 때의 기억 밖의 시간을 나타낸 것으로 본대도 크게 틀리지 않을 것이다. "―――"에 내포된 시간은 그러므로 진술을 담고 있는 나머지 연들(제1연과 제2연 및 마지막 연) 모두의 시간보다 훨씬 긴 시간으로 볼 수 있다.
　따라서 이 시는 지리하고 따분하기 짝이 없는 어떤 시간대에 대한 노래로 볼 수 있다. 달리 말해 무의미하고 따분하기 짝이 없는 대망/기다림의 시간대 그 지리함을 노래한 것이라고 할 수 있다. 전설적인 음악가들이 망라해 등장하는 이 시에서 정작 음악(음악의 연주)에 대한 진술은 고작 제2연 후미 "모두 따분한 가운데 헤어졌다"의 "따분한 가운데"로서 처리되고 그만이다. 그것도 사자환영 묘사가 길게 이어지고("사자 몇 놈이 올라왔다 또 엉금 엉금 올라왔다 제일 큰놈의 하품") 난 다음 배려되었음을 볼 수 있다. 이것은 화자/김종삼이 음악보다 온통 사자들 환영에 정신을 팔고 있었다는 의미가 된다.

이 시가 듣는 음악은 작품제목으로 알 수 있듯이 파블로 카잘스의 연주이고, 곡은 바흐의 무반주 첼로모음곡으로 보인다(첼로 음악의 성서로 불리는 바흐의 이 곡은 다 아는 대로 카잘스에 의해 발굴되었고, 그에 의해 거듭났다).

"———" 표시 연(화자가 술에 곯아 떨어졌던 시간)을 경계로, 그 다음을 살펴보자. "———" 표시 직후는 말하자면 술도 깼지만 무엇보다 음악(연주)이 멎은 시간으로 볼 수 있는데, 화자가 음악이 멎은 이 시간 자신을 "나는 死體이다"라고 진술하고 있음을 볼 수 있다. 그러나 뒤이어 "첼로의 PABLO CASALS"라고 부르짖어 다시 듣기를 희망하고 있는 것에서 음악이 지리하기 짝이 없는 대망의 시간대의 화자/시인에게 그나마 한가닥 위안이 되고 있음을 알게 한다.

끝이 보이지 않는 대망의 세월에는 시간대 전체가 고통이 아닐 수 없지만, 한편 하루하루의 중압감 또한 이에 결코 뒤지지 않을 고통이 되기도 한다. 〈첼로의 PABLO CASALS〉가 전자의 경우라면 다음의 시 〈발자국〉은 후자에 속한다.

마주 보이는
언덕 위
平均律의 나직한 音律이
새어나오는
古城 하나이,
일어서려면 녀석도 따라 일어선다

오늘도 이곳을 지나노라면
獅子 한 마리 엉금 엉금 따라온다
입에 넣은 손 멍청하게 물고 있다
아무 일 없다고 더 살라고

— 〈발자국〉

    이 시는 '오늘-하루'의 막막함 적막함이 환영을 불러낸 경우이다. 화자는 환영으로 나타난 짐승인 사자가 자신의 일거수 일투족을 그대로 따라한다고 진술한다. 엉금엉금 걷는 걸음, "입에 넣은 손 멍청하게 물고 있는" 것까지 그렇다고("따라온다") 진술한다. 이 시는 오늘이 어제 같고 또 내일도 오늘 같을 수밖에 없는 무수한 '오늘'들의 여일(如一)함, 그 지리함에 대한 고통을 호소하는 노래로 볼 수 있다.
    '오늘'들의 견딜 수 없는 여일함이 근사치의 음정을 끝모르게 이어가는 평균율 음악(temperament)과, 그리고 언제나 제자리를 지키는 고성(古城) 등에 빗대어져 형상화되고 있음을 볼 수 있다. '오늘-하루'에 대한 중압감을 시인은 여러 작품을 통해 노래한 바 있다. 〈오늘〉이 제목인 작품 두 편 외에도 〈墨畵〉, 〈엄마〉, 〈生日〉 등이 그것이다.
    작품의 마지막 행 "아무 일 없다고 더 살라고"는 최초의 발표에서는

"그 동안 죽어서 만나지 못한 어렸던 동생 종수가 없다고"(《문학춘추》, 1964)로 되어 있다. 직전 행과 서로 도치되어 있는 이 마지막 행을 바로 잡을 경우

    그동안 죽어서 만나지 못한 어렸던 동생 종수가 없다고
    입에 넣은 손 멍청하게 물고 있다

와 같이(정치 문장형식) 되는 셈인데, 이 스냅을 사자 아닌 시인/화자 자신의 것으로 본들 무방하도록 이 시는 그려지고 있다. 시간의 지리함 따분함을 이기지 못해 하는 사자— 낮잠과 하품, 엉금엉금 걷는 걸음 등—의 모습은 곧 끼인 시간대에 속절없이 갇혀 살아가는 시인 자신의 모습이기도 하다.

  김종삼에게 40년 가까운 대망의 시간들은 오직 하루, 곧 '그날'(광야를 탈출하는 날)에 초점이 맞추어져 있는바

    입에 넣은 손 멍청하게 물고 있다.
    …………… 어렸던 동생 종수가 없다고

라고 망연해하는 이 노래구(句)에는 설령 '그날'이 도래한들 동생 종수와 동행하는 것이 이미 불가능해졌다는 회한으로 가득 차 있다.

  여기서 우리는 시인의 '그날/탈출'의 지향점이 구체적으로 어디인가를 읽게 된다. 그것은 시인의 유년기이되, 어디까지나 동생 종수가 아직 어렸을 때("어렸던 동생 종수")의 시간대, 그러니까 이미 시효 넘긴 시간대로 구체화되고 있음을 알 수 있다(종수는 남한에서 스물두 살

때 폐결핵으로 죽었다).

  김종삼 시에서 환영체험의 절정을 이루는 라산스카 환영은 짐승 환영과 달리 죽음 이후 세계의 환영이라는 점에서 더욱 적막한 것이라고 할 수 있다. 인류는 유구한 시간을 통해 죽음 이후의 세계, 곧 내세(來世)를 상상하고 그려왔다. 현실적 고통으로부터 벗어나고자 하는 염원이 온갖 변형을 통해 삶과 죽음의 경계를 자유롭게 드나들게도 하고, 육신을 벗고 역사적 시간으로부터 멀리 달아나는 탈주의 꿈을 꾸게도 했다. 종교는 탈주전략의 대표적인 예이다.

  인류가 꾸어 온 탈주의 역사에는 다양한 전략과 모델들이 제시되어 온다. 섬이나 먼 이국, 별('별'은 천체상에 떠도는 섬이다), 황금시대, 낙원(천국), 유토피아 등이 널리 알려져 있는 탈주의 모델들이다. 김종삼 시에서 이 탈출/탈주의 지향점/모델은 알게 모르게 장소를 옮겨갔음이 살펴진다. 곧 '유년기'에서 '내세/라산스카'로 이행되어 갔음을 알 수 있으며, 그것이 오랜 투병 끝에 얻은 일신의 적막/체념에 기인하고 있음을 또한 알 수 있다. 이런 사정을 작품〈그날이 오며는〉이 극명하게 노래한다.

    나는 이 세상엔 맞지 아니하므로
    병들어 있으므로
    머지 않아 죽을거야
    끝없는 평야가 되어
    뭉게 구름이 되어
    양떼를 몰고 가는 소년이 되어서
                            — 〈그날이 오며는〉

여기서 화자/시인이 자신이 "병들어 있으므로/머지않아 죽을" 것이므로 대망의 '그날'을 불가피하게 '죽음을 맞는 날'-'그날'로 대체해 노래하고 있음을 볼 수 있다. 이 슬픈 노래가 일견 한량없는 평화로움으로 위장되어 있음은 가슴 에이는 일이다.

〈그날이 오며는〉이 미래/죽음을 가정한 노래라면 다음 작품들은 죽음 이후의 세계, 곧 내세의 환영을 노래한 것들이다.

    아름다운 여인
    롯테 레만의 노래가 자리잡힌 곳
    아희들과
    즐거운 강아지와
    어여쁜 집들과
    만발한 꽃들과
    얕은 푸른 산
    초록빛 산이
    항상 보이도다.
                                        —〈동산〉 전문

    오라토리오 떠오를 때면
    牧草를 뜯는
    몇 마리 羊과
    天空의
    最古의 城
    바라보는 동안 된다
                                  —〈헨셀라 그레텔〉 전문

두 작품이 모두 음악을 숙주로 하고 있다. 시 〈동산〉이 세기적인 소프라노 롯테 레만의 노래에, 〈헨셀라 그레텔〉이 중세의 종교음악 오라토리오에 각각 이끌려 나타난 풍경 환영을 묘사했다. 눈길을 끄는 것은 시인이 경험하는 이들 내세풍경이 서로 매우 닮아 있다는 점이다.

"아이들과 / 즐거운 강아지와 / 어여쁜 집들과 / 만발한 꽃들과 / 얕은 푸른 산"(〈동산〉)과 그리고 "牧草를 뜯는 / 몇 마리 羊"(〈헨셀라 그레텔〉) 사이에는 사실 차이를 거의 발견하기 어렵다. 이와 같이 비현실적 내세적 풍경이 정식화된 하나의 틀로 노래 / 묘사되고 있는 작품으로는 '라산스카'라는 제목을 가진 여섯 편 외에도 〈동산〉, 〈헨셀라 그레텔〉, 〈꿈 속의 나라〉, 〈꿈의 나라〉, 〈그날이 오며는〉, 〈꿈 속의 향기〉 등을 들 수 있으며, 이를 뭉뚱그려 라산스카 시편 또는 라산스카 환영시편이라 부를 수 있겠다.

'라산스카', 이 뜻모를 말은 김종삼이 만들어낸 암호기호이지만 — 생전에 그는 이 말뜻의 풀이를 완곡하게 거절했었다. 누구는 이것이 20세기에 생존한 미국의 흑인 소프라노의 실명이노라고 말해 우리를 놀라게 하기도 했다 — 그만의 탈주 모델을 가리키는 말로 보인다.

라산스카는 그러니까 시인이 꿈꾸는 내세의 어떤 장소 귀거래의 처소를 가리킨다고 할 수 있다. 편히 쉴 만한 개별적인 장소는 현실에서나 내세 / 천국에서나 필요한 것으로, 에덴은 그 한켠에 작은 동산(에덴동산) 하나를 따로 마련한다. "몇 마리 양들이 한가로이 목초를 뜯고 있고 — 주변으로는 만발한 꽃들이 찬연한 정원과 어여쁜 집과 거기서 뛰노는 아이들과 즐거운 강아지"는 광야의 시인(김종삼)이 남모르게 꿈꾸어 온 적층의 꿈 풍경일 수도 있다.

라산스카 환영, 다시 말해 라산스카 풍경환영이 정형화된 틀을 벗어나지 못하는 것이나 그것이 전경(全景)이 아니고 부분 풍경으로 제시되는 것, 그리고 언제나 유사한 풍경들의 중언부언 등은 환영경험의 찰나성 점멸성에 기인한다고 할 수 있다. 짐승 환영이 지속적이라면 라산스카 환영은 명멸성·점멸성의 형식으로 경험된다.

김종삼은 〈라산스카〉라는 제목의 시를 여섯 편 남겼다. 이 중 〈라산스카〉(4) 및 〈라산스카〉(6)은 이보다 먼저 발표된 〈라산스카〉(2)에서 각각 분리 독립된 것들이므로 실제로는 다섯 편인 셈이 된다(작품 뒤 괄호 속의 숫자는 수록번호를 가리킨다). 그의 시에서 〈라산스카〉는 연작시로 부를 수도 있는 유일한 경우인데, 같은 주제를 동일제목으로, 그것도 다섯 편 이상 노래한 것은 매우 이례적이고 예외적인 일이다. 필자는 이들 라산스카 시편에서 대표격의 작품으로 〈라산스카〉(6)를 들기를 주저하지 않는다. 이에 대한 견해는 조금 뒤 이 작품(〈라산스카〉6)의 해석으로 대신하기로 하고, 여기서는 우선 라산스카 환영 시편들이 공유하는 특성적 성격을 일별해 둘 필요가 있어 보인다.

첫째, 라산스카는 정죄한 영혼이 발을 들이는 곳/장소로 진술된다. 이는 마치 천국이 완전하고 깨끗한 영혼을 소유한 성인과 의인들, 천사들이 사는 집으로 규정되는 것과 같다.

하늘나라 다가올 때마다/맑은 물가 다가올 때마다/
라산스카/나 지은 죄 많아/죽어서도 영혼이 없으리
　　　　　　　　　　　　　　　　　　— 〈라산스카〉(수록 3)

이 작품은 당대(16세기) 최고의 종교음악가 팔레스트리나의 음악을 들으며, "하늘나라 다가올 때마다" 그때마다 엄습하는 떨칠 수 없는 근

심에 대해 노래하고 있다. 화자 자신이 아직 다 정죄하지 못한 불완전한 영혼을 지닌 데 대한 근심인 것이다. 라산스카가 하늘나라, 곧 천국에 속한 장소이고, 그곳(천국)이 정죄된 영혼, 곧 온전한 영혼만 입성이 허락되는 곳이라는 것을 화자가 익히 알고 있기 때문이다.

둘째로, 라산스카는 시인(김종삼)에게 반드시 당도해야 할 곳으로 노래된다.

> 라산스카/ 인간되었던 모진 시련 모든 추함 다 겪고서/
> 작대기를 짚고서
> ― 〈라산스카〉(5)

'인간되었던 모진 시련 모든 추함'은 곧 '육신'을 쓴 상태의 인간으로서 겪어야 했던 온갖 시련과 추함을 뜻하는 것으로(혼령이 되어 있기 때문이다), 이것 / 육신을 비록 벗은 뒤에도 끝내 '작대기에 의지해서라도' 당도해야 하는 곳으로 라산스카가 그려진다. 여기에는 시인이 누구보다 긍휼 시편들을 수없이 노래한 사실이나, 시쓰기를 소외받는 사람들을 위한 하나의 복음이나 말씀의 전도로 이해했던 태도 등이 마땅히 소명(疏明) 되어져야 하리라. 시인(김종삼)의 라산스카로 향한 필사적인 노력은 일찍이 〈刑〉에서

> 罪가 많다는 이 불구의 영혼을 이끌고 가 보자
> 그치지 않는 전신의 고통이 하늘에 닿았다

라고 노래한 것에서도 잘 설명된다.

셋째, 라산스카는 매우 이국적인 비실재적 천상적 풍경으로 노래된다. 탈주는 본질적으로 현실/현실세계로부터 가능한 한 멀리 달아난 곳에 위치하려 하며, 그래서 무인도나 먼 이국 등은 언제나 현실세계 내 탈주의 우선대상지가 되어왔다.

> 찬연한 만발한 꽃, 드넓은 평야, 뭉게구름, 풀을 뜯는 양떼들, 초록의 얕은 산들

사실 이와 같은 풍경은 성서에 나타난 에덴 동산의 묘사에 가깝고, 낙원 ― 낙원은 황금시대와 달리 묵시록적 시간관에 근거해 삶/역사의 종말에 자리한다 ― 의 풍경묘사와 아주 닮아 있다. 낙원의 묘사는 흔히 이국적인 환경과 '낙원의 기후'(온난한 기후에서 거의 옷을 입지 않고 지낸다), 놀랍도록 아름다운 남녀들, 풍요로움(온갖 종류의 꽃들이 피고 나무에는 과일들이 주렁주렁 열려 있다), 무노동(無勞動) 등으로 노래되고 그려진다.

끝으로 라산스카는 맑은 물가로 노래되어진다.

> 맑은 물가 다가올 때마다
> ― 〈라산스카〉 (수록 3)

> 하늘 속 맑은/ 변두리/ 새소리 하나/
> 물방울 소리 하나
> ― 〈라산스카〉 (수록 4)

> 새로 낳은/ 한줄기 거미줄처럼/

水邊의 / 라산스카

— 〈라산스카〉(수록 5)

물 / 닿은 곳

— 〈G·마이나〉

    성서에도 천국은 '물이 넉넉한 곳', '맑은 물가', '생명수 강가' 등으로 묘사되어 물이 천국의 핵심이미지임을 분명히 하고 있다. 천상(天上)의 선고 / 명령에 따라 "거기서 준 / 신발을 얻어 끌고서"(〈라산스카〉1) 메마른 땅 광야를 떠돌았던("여긴 또 어드메냐 / 목이 마르다 / 길이 있다는 / 물이 있다는 그 곳을 향하여" — 〈刑〉) 시인(김종삼)에게는 지친 몸 / 영혼을 끌고 '맑은 물가'에서 쉬고 싶은 소망이야말로 누구보다 간절하다 할 수 있다. 성서 중 주기도문 다음으로 많이 읽힌다는 시편 23장은 이때 시인을 위해 준비해 둔 노래라고 한들 시나침이 없다.

    여호와는 나의 목자 … 나를 푸른 풀밭에 누이시며 쉴 만한 물가로 나를 데려가는 도다.

    필자가 김종삼을 우리시에서 가장 탁월한 시인의 한 사람으로 꼽는 데 주저하지 않는 것은 그가 〈걷자〉나 〈북치는 소년〉, 〈聖河〉, 〈G·마이나〉, 〈물桶〉 같은 절창의 시인이라는 사실 외에도 두 편의 개작시에서 경험하게 되는 충격이 포함되는데, 〈돌각담〉(1)과 이 작품(〈라산스카〉 6)이 그것이다.
    잘 아는 대로 이 시(〈라산스카〉 6)는 다음의 원시(原詩)에서 제1연만 따로 떼어 독립시킨 작품이다.

미구에 이른 아침 / 하늘을 파헤치는 스콥소리 //

　　하늘 속 / 맑은 / 변두리 / 새 소리 하나 / 물방울 소리 하나 //

　　마음 한 줄기 비추이는 / 라산스카

　　　　　　　　　　　　　　— 〈라산스카〉(수록2) 전문

　여기서 진술/이미저리의 중심은 제2연이 된다. 자주 끊고 있는 분행(分行) — "하늘 속 / 맑은 / 변두리 / 새 소리 하나 / 물방울 소리 하나" — 에서 화자의 진술이 얼마나 집중적이고 또 긴장적인가를 확인할 수 있다. "새 소리 하나 / 물방울 소리 하나"가 화자가 "미구에 이른 아침"에 가까이 두고 '듣는 소리'(보다 능동적으로 듣는 소리)라면 제1연의 "하늘을 파헤치는 소콥소리"는 이보다 훨씬 먼 거리로부터 다만 '들려오는 소리'(보다 피동적으로 듣는 소리)일 뿐이다. 말하자면 여기서 제1연은 제2연(또는 제3연까지를 포함하여)을 위한 수식적 지위이다.

　시 〈라산스카〉(6)은 이 원시의 제1연을 자구(字句) 하나 첨삭하거나 수정함이 없이 형태만 바꾸어 독립시킨 작품이다.

　　미구에 이른
　　아침

　　하늘을
　　파헤치는
　　스콥소리

　　　　　　　　　　　　　　— 〈라산스카〉(6) 전문

　분행과 분련(分聯)을 통해 형태를 일신하고 있는 이 노래 / 시는 우리에게 원시(원시의 제1연)와 전혀 다른 율독을 요구한다. 이 요구는 특별히 이 시의 첫 연 "미구에 이른/ 아침"에 모아지는데 두 행 행말(行末)에 각각 휴지(pause)를 두어 율독케 함으로써 이 연의 진술("미구에 이른 아침")이 하나의 완결된 진술구조임을 환기시킨다.

  미구에 이른
  아침

 이 시 전체의 진술은 사실상 이것으로 완결된다. 뒷행인 "아침"행의 행말에 놓여지는 보다 긴 휴지(休止)가 이 완결성을 마무리한다. 이때 제2연("하늘을/ 파헤치는/ 소콥소리")은 어디까지나 이 첫 연의 정황을 소리심상으로 뒷받침하고 있는 종속적 지위일 뿐이다.
 얼핏 어불성설로 들리는 "미구에 이른" — '머지 않아 이미 당도했다'는 뜻의 이 구절은 시간의 불가역성이라는 물리학적 상식/ 진리에 어긋나는 어불성설이 된다 — 이 여기서 참으로 절묘한 울림이 되는 것은 이 시가 혼령 또는 혼령의 거소의 현신(現身)을 재현해 놓은 노래인 때문이다. 화자가 진술/ 묘사하고 있는 것은 어느 평화로운 "아침"에 자신이 혼령이 되어 당도해 있음("이른") 그것에 대해서이다. "미구에 이른/ 아침" — 이 완결된 진술에는 시간이 내포되어 있을 뿐 지상적 의미의 장소 같은 것은 어디에도 존재하지 않는다.
 이 시에서 공중 높이 떠 있는 듯한 부양감과 깃털의 그것 같은 한량 없는 가벼움을 느끼게 되는 것은 공중 어느 지점/ 시점, 다시말해 라산스카(천국)의 "아침"에 혼령이 된 화자가 당도해 있음을 재현해 놓은 것이기 때문이다. 아는 대로 라산스카는 천국의 한 장소이고, 천국은 하늘/공중을 그 영토로 한다. 그곳에서는 천사들이 그렇듯이 날개를 달고 살아가도록 되어 있는 곳이기도 하다.

혼령의 재현에는 무엇보다 빠른 필법과 그리고 노래의 경량화(輕量化)가 요청된다. 왜냐하면 혼령의 현신이란 워낙 순간적이기 때문이다. 이 시가 원시(〈라산스카〉—수록 2)로부터 분리될 수밖에 없는 불가피성이 여기에 있다. 영혼(혼령)은 워낙 무체중(無体重)이다.

사실 김종삼 시작품 일반의 한 특성은 괴량감있는 시어들(한자어 위주의)로 가뜩이나 짤막한 시에 중량감을 부여하는 것이라고 할 수 있다('巨巖들의 光明', '주름간 大理石', '술 없는 황야', '聖河', '그리스도는 나의 산 계급', '죽지 않는 계단', '不滅의 平和' 등). 이 시가 '미구'를 한자어 '未久'대신 굳이 한글로 표기한 것도 이와 관련이 있다면 있다고 할 수 있다.

공중 드높은 곳에 가령 소리 또는 한 점 은빛으로 떠 있는 새나 비행물체 같은 것 그것이 이른 지점 거기를 우리는 지상적 의미의 장소라고 부를 수 있겠는가. 거기는 인공(人工)의 힘이라고는 미치지 못하는 곳이 된다. 거기는 일찍이 〈물桶〉의 화자가 당도했던—"머나먼 廣野의 한복판 얕은/ 하늘 밑으로/ 영롱한 날빛으로/ 하여금 따 우에선"—고도(高度)로서 지상의 모든 구석구석까지 시간의 갈피갈피까지도 한눈에 두루 부감되는 데이다.

지상의 분잡과 소음으로부터 멀리 격절되어 있는 거기는 한적함이 한 특성인 곳이기도 하다. "하늘을/ 파헤치는/ 스콥소리" 말고는 이곳에 또 무엇이 있는가. 사실 한적함은 천국을 천국다운 곳으로 하는 천국적 자질이다. 인류는 없고 무성(無性)의 개인만이 거처한다는 거기는 그지없이 한적해 항상 들끓고 분잡하고 초만원을 이루는 지옥과 차

별된다. 성인이나 천사들처럼 온전한 영혼을 가진 소수의 의로운 이들만의 거주공간인 까닭이다 (탈주의 꿈이 세속화될 대로 세속화된 오늘날 타락한 산업화시대의 휴양지나 리조트, 별장 등이 이것 — 낙원/천국과 그 한적함 — 의 한 변형이라는 사실은 슬픈 일이다).

하늘을
파헤치는
스콥소리

한없는 평화로움 그 외형화가 한량없이 부드러운 소리 심상("하늘을 / 파헤치는 / 스콥소리")으로 진술/묘사되고 있는 것에서 우리는 이 시가 지상적 분잡 가운데서도 특별히 소음의 대극으로 노래한 것이 아닐까 생각하게 된다. 지상에서라면 소음이 될 스콥(schop)이 정작 하늘을 파헤칠 때 내는 소리는 얼마나 평화롭고 또 감미로운 소리일까.

김종삼은 우리말 사전에 '라산스카'라는 뜻 모를 말/어휘 하나를 추가하고 떠났다. 어찌 '라산스카'뿐이겠는가. 성하(聖河), 동혼(凍昏), 신양(神恙), 흠곡(欠谷) 등도 암호/기호이기는 마찬가지가 아닌가. 그가 뜻모를 암호/기호들을 대거 창안해 구사하는 것은 그의 체험적 정서가 워낙 우리들의 그것과는 이질적인 것이어서 공유할 수도, 나눌 수도 없는 것인 때문으로 이해할 수 있다.
그의 시가 적나라한 단시성으로 제시되는 것은 또 어떤 연유인가. 그의 절창시편들 대부분이 뜻모를 조어를 구사하거나 단시성을 자랑하고 있음은 잘 알려지는 사실이다. 이들(절창)의 작품당 사용어휘 수는 많아야 열 또는 열다섯을 넘지 않는데, 〈라산스카〉(6)의 경우 고작 여섯 개의 어휘이고, 이 밖에 〈걷자〉나 〈聖河〉, 〈G·마이너〉, 〈북치는 소년〉 등도 열 개를 넘지 않거나 조금 상회하는 수준이다. 이들 작품의 짤막짤막한 전언/진술들 거의가 대체로 조어에 의존하고 있는 것 또한 잘 알려지는 사실이다.

사실 김종삼 시에서 농아(聾啞)들한테서나 발견되는 어떤 언어적 자폐성, 어눌성과 마주치게 되는 것은 그리 어려운 일이 못된다— 농아(聾啞)는 '귀머거리 아이'의 뜻인 '聾兒'와 달리 발성기에는 이상이 없었으나 귀머거리로 청각을 잃어 벙어리가 된 경우이다. 곧 청각의 결여로 말을 배우지 못하거나 알고 있던 말을 잊음으로써 된 벙어리를 뜻한다.

그는 말하자면 가까스로 준비한 짤막한 전언/메시지를 자신이 만들어 낸 조어를 통해 어렵게 세상과 말문을 트려고 했던 셈이다. 어쩌면 그는 처음부터 말걸기/말트기— 시는 일종의 담론이고 말트기이다— 에는 흥미조차 두지 않았던 것인지도 알 수 없다. 술과 음악, 그리고 이를 통한 저 복음주의적 묵상이 그에게는 세상과의 대면 아닌 대면의 형식이었는지도 모를 일이다. 그리고 그의 시편 시편들은 이때 거둔 한낱 낙수(落穗)들로 이해한들 크게 허물될 것이 없다고 할 수 있다. 그에게 과작(寡作)은 필연이었으며, 이는 침묵의 한 화법이기도 했던 셈이다.

권명옥 (시인·前 세명대 교수)

엮은이 · **권명옥**(權命玉)

1941년 강릉 출생. 강릉상고 인문과, 한양대학교 국문학과를 졸업하고 동 대학원에서 석박사 과정을 수학했다(문학박사). 1974년 월간《심상》(心象) 신인상으로 등단했으며, 시집으로《남향》(南向)을 상재했다. 문교부 편수국 편수사, 강릉간호전문대 교수를 거쳐 1991년 이후 세명대학교 한국어문학과 교수로 재직했다. 김종삼 시에 관한 논문으로 "추상성의 시학", "김종삼의 단시 3편에 관한 연구", "은폐성의 정서와 시학", "적막의 미학" 등이 있다.

정본 시 전집으로 다시 만나는
'지조와 멋의 시인' 조지훈

조지훈 시 전집

민족의 전통과 사라져 가는 것들에 대한 애수,
역사 속 상실과 고뇌를 생생히 그려 낸 시적 언어

'지조와 멋의 시인' 조지훈의 시 작품들을 완전히 새롭게 엮은 시 전집. 지훈의 시 작품만을 온전히 한 권에 모으고, 한자를 한글로 모두 바꾸어 독자들이 지훈의 시를 친근히 만날 수 있게 했다. 지훈은 사라져 가는 것들에 대한 애수를 바탕으로 우리 민족의 전통과 자연에 대한 서정을 그려 냈고, 혼란의 시대에는 첨예한 언어로 현실을 직시하며 역사 속 상실과 고뇌를 생생히 기록했다. 지훈의 시는 지금까지도 시대의 발화이자 생활에 대한 사유로서 현대의 독자들을 깨우며 앞으로 나아갈 힘을 준다.

신국판 변형 | 480쪽 | 32,000원

나남 nanam
031) 955-4601
www.nanam.net

거짓과 비겁함이 넘치는 오늘,
큰 사람을 만나고 싶습니다

지훈은 김소월과 김영랑에서 비롯해 서정주와 유치환을 거쳐 청록파에 이르는 한국 현대시의 주류를 완성하여 20세기 전·후반기를 연결한 큰 시인이다. … 또한, 민속학과 역사학을 두 기둥으로 하는 한국문화사의 토대를 마련했다. … 위기와 동요의 시대, 지훈은 소용돌이치는 역사의 상처를 자신의 상처로 겪어냈다. 그는 현실을 토대로 사물을 구체적으로 파악하고, 멋을 척도로 인간을 전체적으로 포착하려 하였다. 지훈은 전체가 부분의 집합보다 큰 인물이었다.

―《조지훈 전집》서문에서

조지훈 전집

제1권 詩
제2권 詩의 원리
제3권 문학론
제4권 수필의 미학
제5권 지조론
제6권 한국민족운동사
제7권 한국문화사서설
제8권 한국학 연구
제9권 채근담